日本の税金 新版

三木義一
Yoshikazu Miki

Eurus
Notus
Boreas
Zephyrus

岩波新書
1359

日本の年金

目次

序章

私たちは誰のために税を負担するのだろう?

申告納税制度？

二〇一一年九月、難産の末、租税の手続法が五〇年ぶりに改正された。ようやく国民・納税者が国家財政を支える対等のパートナーとして扱われる方向への改革の第一歩が踏み出された。読者の方々は申告納税制度という言葉を聞いたことがあるはずだ。しかし、大半の読者は給与所得者だから、源泉徴収と年末調整で税金問題は終了してしまう。実際に申告してみると、つぎのことに気づくはずだ。

税法は法律の中でももっとも難しいものの一つで、弁護士もほとんど知らない。その難しい法律の内容を正確に理解して、様々な項目の計算をした上で初めて税額がでてくる。その税額を法律の素人である市民が計算して申告しなければならないのである。当然、間違いも多くあるだろう。間違えて税額を少なく申告すると加算税という制裁が課される。有利な制度があることを知らないために税額を高く計算して申告したら、税法を知らなかったお前のミスだから救済はしないと言われる。計算に誤りがあった場合には、申告期限から一年以内に限って減額してくれる。しかし、一年以上過ぎてからわかった場合はダメだ。ところが、税務署には五年間も減額する権限はある。そこで、税務署に「嘆願書」を出して、嘆願すれば、助けてやらないわけでもない、と言われる。まるで江戸時代の農民がお代官様に嘆願しているようだ。それを二一世紀の今日、プロと言われる税理士も強要されてきた。

国民に主権があり、国民が自分たちの組織である国家に必要な財源として拠出することを約束した税金の手続がこれでいいのだろうか？　日本の税金はいまだにお上が取り立てるものであるかのようだ。しかし、「お上」など、どこにいるのだろう？　主権が天皇や国王にあるのなら、課税は彼らの権限の行使であり、その使途も彼らのためであろう。だから、税金は庶民からすれば「取られるもの」でしかない。しかし、日本は戦後、国民が主権者となり、選挙制度も普通選挙となり、国民が自らの代表を議会に送り出し、その議会での議決により、国民が拠出する税金の枠を決めるようになっているのである。税金は、国民が国家という組織を運営するために拠出することを合意した負担だ。こういう観点から、税務手続を改革しなければならない。ようやく、その第一歩が始まったので、税金の内容面も見直すべき点がないか、本書を読んで考えていただきたいと思う。

政権交代・大地震

ところで、本書の旧版を出してから八年が経過した。この間、日本の税制を考える上で大きな出来事が二つ起きた。

一つ目は、二〇〇九年八月、選挙で民主党が大勝し、戦後初の本格的な政権交代が起こったことである。民主党は、「税制改正革命」ともいうべき「平成二二年度税制改正大綱」をその年の一二月二二日に公表し、「公平・透明・納得」の税制の実現をめざし、「納税者権利憲章」の制定をはじめ、「所得控除から手当」へのきりかえ、消費税の逆進性対策としての消費税額控除の導入等々、新しい税制像を示した。

しかし、マスコミはこうした税制の基本的仕組みの改革にはほとんど関心を示さず、自民党政権時代同様、増減税の観点からの報道のみであった。税制についての重要な変革のメッセージがほとんど伝わらない中で、新政権の首相であった鳩山由紀夫氏の贈与税問題や小沢一郎幹事長の政治資金問題が浮上し、野党から執拗に追及され、新政権のイメージから清廉さが失われ始めた。それに輪をかけるような普天間基地問題の首相失言が生じ、新政権への期待は一挙に失望へと変わってしまった。その後、菅直人首相の登場で、政権への期待や信頼が回復するかと思われたが、唐突な消費税増税発言の影響か、選挙での敗北とその後の混迷の末、野田佳彦内閣に引き継がれた。

二つ目は、こうした混乱過程に生じた未曽有の地震大災害である。東日本の大部分が壊滅的な被害を受け、その復旧にどれだけの資金が必要かわからない。被災者を援護し、復旧を急ぐべきことは論をまたない。国民から多くの義捐金の拠出もあった。被災者に対する国民の強い連帯感があったからである。しかし、増税となると、様々な議論がマスコミを賑わしたものの、政府としては一向にまとまらないまま時間が経過している。

民主主義と税

なぜ、義捐金が多く集まるのに、増税となると議論が進まないのだろう。

戦後日本の税制改正は、自然増収を背景に、消費税騒動を除いては、基本的に減税の歴史であった。さらに、バブルがはじけたあとも、政権党は政権を維持するために減税を続行してきた。減税を維持するために国債を乱発し、未来の税収が先食いされてきた。そのため、市民が愛想を尽かして政権交代させたときには、新政権には新政策に使う資金が枯渇していた。政権交代の意義を失わせる財政状態になっていたのである。

政治家も減税を主張するのが正義であるかのように振る舞った。本来、「減税」を要求するのは富裕層で、国に自分の財産は出さない、その代わり、国は何もしなくていい、という発想のはずである。これに対して、一般市民は増税による公的資金の確保で社会保障の充実を願うはずなのに、減税が正義の味方の主張としてまかり通ってきた。

もちろん、これまでの増税論の多くが、高所得者の適正な負担を求めるものではなく、中低所得者層の負担増を意図したものであったことも影響していたが、こうした税制改革の結果、日本の税制はかなりやせ細っている。日本は、税の負担率は低く、公務員の人口比率も少ない、小さな政府になっている。

そこに大震災が生じたのである。私たちは、日本という国に何を期待するのか、その場合、その資金を誰が負担すべきなのか、政権交代と震災という二つの大きな事件を契機に考えてみる必要がありそうだ。そのためには、国の財政状況と税制をできるかぎり正確に理解しておく必要がある。

まず税制を知ろう

そこで、この本では、税制について、日本の各種税制の仕組みをわかりやすく解説してみたい。現在、私たちがどのような税金を負担しているのか、正確にみておこう（表序-1）。

表序-1　国税・地方税の税目. 出典）財務省のホームページ.

	国　税	地方税		国　税	地方税
所得課税	所得税 法人税 地方法人特別税	個人住民税 個人事業税 法人住民税 法人事業税 道府県民税利子割 道府県民税配当割 道府県民税株式等譲渡所得割	消費課税	消費税 酒　税 たばこ税 たばこ特別税 揮発油税 地方揮発油税 石油ガス税 自動車重量税 航空機燃料税 石油石炭税 電源開発促進税 関　税 とん税 特別とん税	地方消費税 地方たばこ税 軽油引取税 自動車取得税 ゴルフ場利用税 入湯税 自動車税 軽自動車税 鉱産税 狩猟税 鉱区税
資産課税等	相続税・贈与税 登録免許税 印紙税	不動産取得税 固定資産税 都市計画税 事業所税 特別土地保有税 等			

図序-1の円グラフをみると、日本の税収の約半分は「所得」に課税していることがわかる。所得税中心主義がかろうじて維持されている、という状況である。「所得」税のうちでは、個人が七割、法人三割である。資産税は全体で一八%であるが、そのうちの一二%が固定資産税である。これに対して、相続税はわずかに一・八%にすぎない。消費税の税収が国と地方を合計すると一六%もあるので、税率一%で三%の税収を稼いでいることになる。つまり、消費税率を一%上げれば相続税の税収は不要ということになる。もっとも、それで、税の公平が維持できるかは別問題である。

　一九八〇年以降の国税収入の推移にもふれておくと、法人税がこの三〇年間で約六割（一九

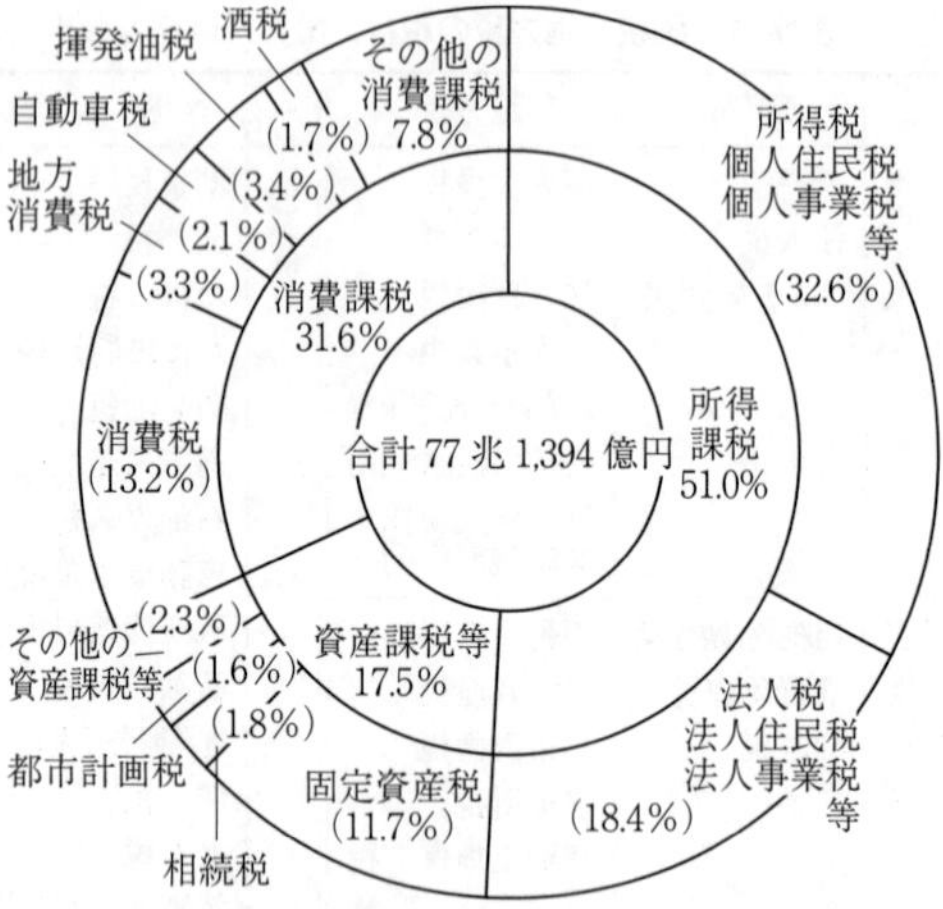

図序-1　国税・地方税の内訳（2011 年度予算額）.
出典）財務省のホームページ.

八〇年当時の三〇％から二〇一一年は一八％）に減ったことと、物品税が消えて、その代わりに導入された消費税の税収比が徐々に増していること（一〇・五％から一六・五％）が特徴的であろう。なお、所得税収といっても大半は源泉徴収税である。所得税収のうち、申告によるものは六分の一に過ぎないからである。六人中五人は源泉徴収だけですんでいることになる。その大部分を占めるのはサラリーマンであり、彼らは税制にほとんど関与することがなく、税制に無関心か、不公平感だけを募らせている。こうした税収構造を一応頭に入れて、各税の問題点を考えてほしい。では、まず所得税から入ってみよう。

第一章

所得税——給与所得が中心だが給与所得者は無関心

1　「所得」税と給与所得

まず、所得税の仕組みを概観しておこう。しかし、単なる制度説明では所得税が抱えている問題点を見過ごしてしまう。そこで、典型的なサラリーマンの立場に立って、制度の中に潜んでいる問題点を浮き彫りにしながら、説明してみよう。何しろ、サラリーマンは源泉徴収されている所得税について様々な不満を持っているのに、源泉徴収額や年末調整が正しく行われたかどうか確かめることもないし、確定申告をすることもあまりない。そのため、所得税負担に不満はあっても、その不満の原因には無関心で、誤った情報を信じてしまいがちだからである。

「収入」と「所得」

最初に、所得税は「所得」に課税するものであることを確認しておこう。この出発点を間違えるといろいろな誤解につながる。

Aさんは喫茶店経営者で、年収が一五〇〇万円もある。これに対してBさんは年収八〇〇万円のサラリーマン。ところが、所得税になると、Aさんはゼロで、Bさんは約八〇万円も負担している。こんな不公平が許されていいのでしょうか。

あるテレビ番組で右のようなコメントが流されたことがある。一見不公平なような気がするが、このコメントは誤っている。「収入」で比較して不公平を議論しているからである。所得税は「所得」に課税するのだから、収入がいくらあっても「所得」がゼロであれば課税できないし、収入が少なくても「所得」があれば課税されるのである。収入が一五〇〇万円あっても、必要経費が一五〇〇万円以上かかっていれば、所得はゼロかマイナスなので、所得税は課税できないのである。

所得税法は私たちが得る所得を一〇種類に分類し、それぞれに応じて所得金額の計算方法を定めている。喫茶店経営による所得は事業所得であるから、

＊収入金額－必要経費＝事業所得の金額

となる。これに対して給与所得者は、

＊収入金額－給与所得控除額＝給与所得の金額

となるのである。

　両者の違いは、事業所得者は実際にかかった必要経費を控除して計算するのに対し、給与所得者はその替わりに給与所得控除額を控除している点にある。

　このように、同じ所得金額といっても、所得の種類によって微妙に計算方法が異なっている。事業所得以外にも必要経費を控除する所得は「年金以外の雑所得」と「不動産所得」があるが、他の所得は次のようになっている。

＊収入金額＝利子所得
＊収入金額－負債利子＝配当所得
＊(収入金額－退職所得控除額)×二分の一＝退職所得
＊総収入金額－(必要経費＋山林所得の特別控除額)＝山林所得
＊総収入金額－(取得費＋譲渡経費＋譲渡所得の特別控除額)＝譲渡所得
＊総収入金額－(収入を得るために支出した金額＋一時所得の特別控除額)＝一時所得
＊収入金額－公的年金控除額＝雑所得(公的年金)

所得金額は収入金額と同じではない、ということをまず確認してほしい。唯一の例外が利子所得であり、収入金額が所得金額そのものであるとされている。銀行に預けて利子を稼ぐために他の金融機関から借り入れるはずもないので、配当所得の場合のように負債の利子も引くことはできないのである。

給与所得控除

給与所得者に適用されている給与所得控除額の特徴は、事業所得者に適用される必要経費のように「実額」ではなくて、収入金額に応じて変化する概算の「法定額」だという点にある。現時点(二〇一一年)の給与所得控除額は図1-1のようになっている。

かなり高額な控除ではないだろうか。サラリーマンの中には、事業者のように必要経費を控除できないため、自分の収入すべてが所得税の対象になっていると誤解している人がいるが、それも誤りであることが理解されよう。もっとも、収入に応じて上昇しているが、収入額を超えることは決してないので、給与所得者には赤字はない。また、この控除額は概算控除なので、実際の支出とは関係ない。したがって、仕事上必要な支出を私費で負担しているサラリーマンも、そういうことを一切しないサラリーマンも、収入が同額なら同額の控除を

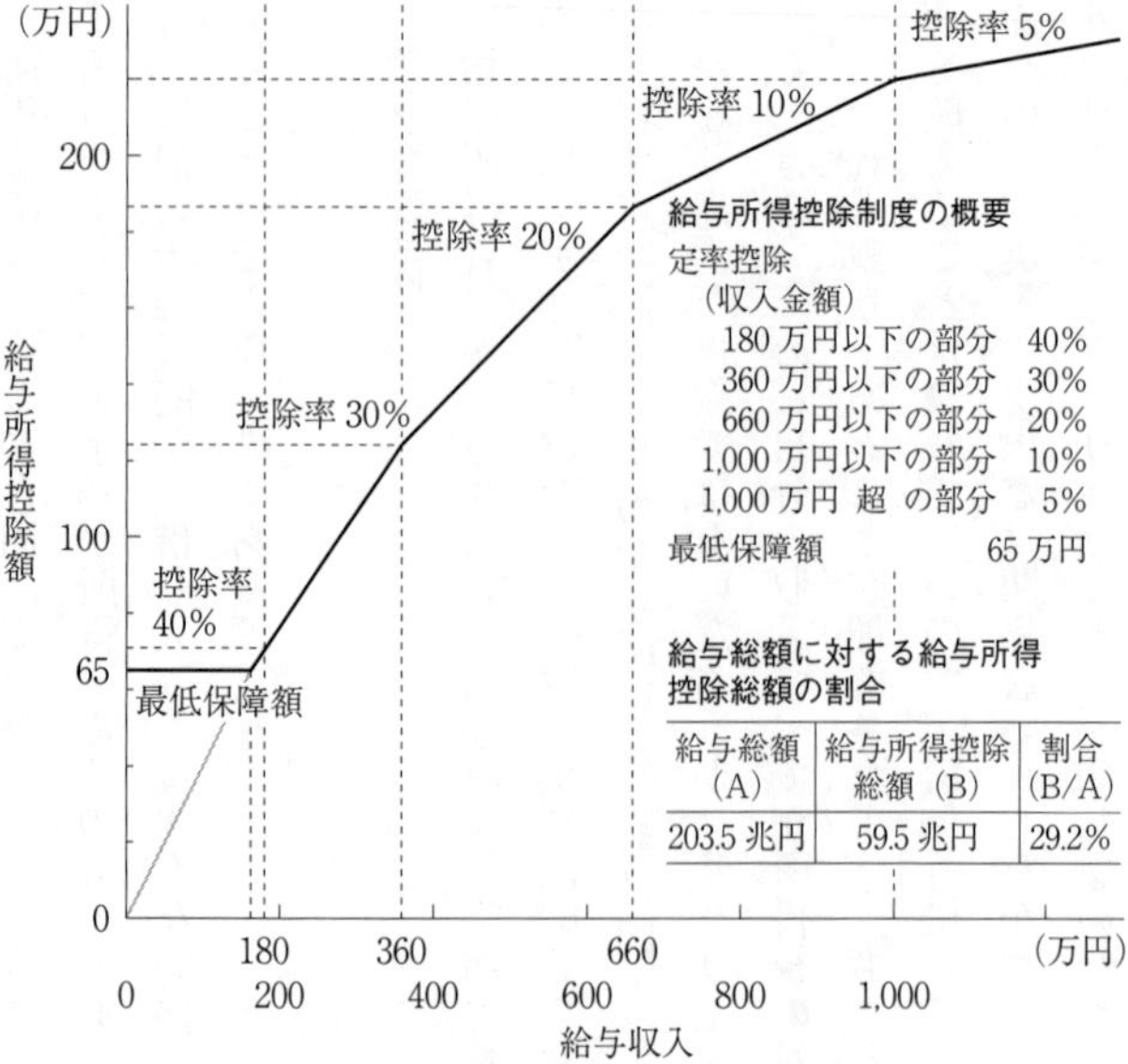

給与総額(A)	給与所得控除総額(B)	割合(B/A)
203.5 兆円	59.5 兆円	29.2%

図 1-1 給与収入に応じた給与所得控除額.
出典) 財務省のホームページ.

受けられることになる。サラリーマンの間でも不公平をもたらしていることになる。

サラリーマンに対する概算控除制度は欧米にもあるが、実額控除が原則で概算控除も選択できることにされている。その概算控除額も定額(例えばドイツで約一一万円)もしくは収入の一定率(例えばフランスは一〇%)と低額で、上限額もある。これに対して、日本の給与所得控除額はかなり高額で、上限額もなかった(二〇一三年から上限額が設けられる予定)。

日本のサラリーマンはこの面で

は税法上優遇されているのかもしれない。しかし、この「優遇」は高い代償を伴っている。まず、日本のサラリーマンは必要経費の実額を控除することができない。もし実額の控除を認めると、同じ給与の従業員でも必要経費の額によって所得金額が変動するので、年末調整をしている企業が大変な負担となるからである。第二に、この年末調整により、サラリーマンの大多数は確定申告をしないですんでしまっている。手間が省けていい面があるが、他方で、申告の経験もないので、所得税について正確な知識を持たない。そのため、税を取る側の宣伝にすぐにのってしまう。「民は知らしむべからず、よらしむべし」という租税政策システムに組み込まれてしまっているのである。

サラリーマンの必要経費

このようにサラリーマンに給与所得控除しか認めないのは不公平であり、サラリーマンにも選択により実際にかかった経費の控除を認めるべきであるとして最高裁まで争った事例がある。しかし、最高裁（昭和六〇年三月二七日判決・民集三九巻二号二四七頁）は、①職場における勤務上必要な施設、器具、備品等に係る費用のたぐいは使用者において負担するのが通例、②給与所得者の場合は、必要経費と家事上の経費またはこれに関連する経費との明瞭な区分が困難、③給与所得者はその数が膨大であるため、各自の申告に基づき必要経費の額を控除するのを認めることは、租税徴収費用の増加を免れず、税務執行上少なからざる混乱を生ずる、④各自の主観的事情や立証技術の巧拙によってかえって租税負担の不公平をもたらすおそれもある、といった諸点を理由に現行制度を合憲とした。

この最高裁があげている理由についてはいろいろ批判が可能だが、仮にサラリーマンにも必要経費の実額控除が認められた場合、確かに「職場における勤務上必要な施設、器具、備品等に係る費用のたぐいは使用者において負担するのが通例」であるので、何がサラリーマンの必要経費になるかを考えてみると難しい。諸外国でサラリーマンの必要経費として認められているものも、職業上必要不可欠な特殊な衣服や研修費用等であり、あまり広いものでもない。サラリーマンが通常必要経費として感じている支出と必ずしも一致していない。

ある民間金融会社の調査によれば、サラリーマンが税務署に対してではなく、妻に対して必要経費として認めてほしがっている支出は、冠婚葬祭費、衣服費、昼食代、飲み代、散髪代などであった。これらのうち、勤務のために余儀なくされているといえる支出部分があれば必要経費といえるかもしれないが、支出の大半は税法上の家事費、つまり、所得を得るための経費ではなくて、個人として生活するための支出になりそうである。家事費は、サラリーマンであれ事業者であれ、制度上は控除できるものではないのである（事業所得者は実際に控除しているではないか、という意見もあるかもしれないが、家事費を意図的に経費にすればそれは立派な脱税である）。

そうすると、サラリーマンが実際に支出している必要経費というのはそれほど多くなさそうである。大多数のサラリーマンは現在の給与所得控除によって、必要経費の実額控除と比べると多額の控除の適用を受けているといわざるを得ないのである。

サラリーマンにも実額控除可能？

前述したサラリーマン訴訟で最高裁は現行制度を合憲としたが、サラリーマンに必要経費の実額控除の道を開くべきことにも言及した。そのため、大蔵省（現・財務省）があわてて導入したのが特定支出控除である。この制度は一九八八年度に導入されたものだが、ほとんどのサラリーマンには無縁の制度である。なぜならこの制度は、給与所得者が支出する通勤費、転居費、研修費、資格取得費、帰宅旅費の合計額である「特定支出額」が給与所得控除額を超えるときには、給与所得控除額に替えて特定支出額を控除できる、というものだったからである。特定支出の範囲が限定されすぎていることと、高い給与所得控除額を超えた場合しか適用できないので、この制度を適用できるサラリーマンはまずいないし、適用できる人は本当にサラリーマンかどうか疑わしい。

事実、初年度は全国で一六人、その後も減り続け、一九九五年にはついに全国でたった一人となったのである。二〇〇八年には六人と少し増えたが、四五八七万人の給与所得者のなかでわずか六人では、宝くじの当選者より希少価値があることになる。二〇一三年度から特定支出控除の対象に勤務必要経費(書籍費・被服費・交際費等)等が加えられ、給与所得控除額の半分を超えている場合に適用されるように改正される予定だが、この制度によって給与所得者にも必要経費控除の道が開かれている、と強弁するのはあまりにも無理がある。

一般のサラリーマンに適用可能な制度として、現行の給与所得控除に替えて、必要経費の実額控除を選択制として認めるべきなのか、もういっそのことこのような控除制度をやめて事業所得者と同じように必要経費の実額控除制度(その場合、税負担は増えるかもしれないが)にすべきなのかが、サラリーマン自身に問われているのである。

家族労働の必要経費性

サラリーマンには必要経費が認められていないために、妻に給料を支払うこともできないが、事業者にはそれができる、という不満もある。確かに、事業所得者の必要経費は実際に支出した金額を控除するのが原則であり、この中には従業員に対して支払った給料も含まれる。しかし所得税法は、納税義務者と生計を一にする親族が事業に従事した場合に受ける対価を必要経費に算入せず、その納税義務者の所得として課税することを今なお原則としていることにも留意しておこう。つまり、個人企業の場合には生計を一にする親族従業員に対して給料を支払っても、その給料分は事業主の所得として課税され、他方、親族従業員は自己の給与所得がないものとされ、税法上は一人前として扱われないことを原則としているのである。

もっとも、この原則の不合理さは明らかなので、この原則は徐々に修正され、一定の要件を備えた帳簿をつけている青色申告者になると親族であっても事業に専従しているのであれば原則として給与額の控除が認められ、一般の事業所得者の場合も一定額の控除は認められるようになっている。したがって、青色申告をしている事業者の場合との対比では、サラリーマンの不満にも一定の合理性がある。

しかし、青色申告者であっても、親族がその事業に実際に「専従」していないと労働の対価として報酬を支払っても控除できないことにも留意しておこう。そのため、弁護士の夫が税理士の妻に自分の事業所得の申告代理を頼み、その報酬を支払った場合には、妻は夫の事業に専従しているわけではないから、専門家としての妻に仕事を委任したのに、対価の支払が必要経費として認められなかった事例がある(最高裁第三小法廷平成一七年七月五日判決)。生計を一にしている親族という理由だけで、専門家に対する報酬の支払を税法上無視することに合理性があるのかどうか、再検討する必要がありそうである。

住居の維持費

ところで、私たちが人間らしく生活するためには、住居の存在は必要不可欠である。この住居のための支出は税法上どう扱われるのだろうか。住居は個人が自分の生活をするために必要なもので、家からは収入・所得は発生しない。したがって、家の維持費は家事費であって、収入を得るための必要経費ではない、ということになる。逆に、もし住居を人に貸して家賃収入を得ると、その家は家賃収入を得るためのものであるから、その家の維持費や減価償却費は必要経費となる。

それでは、自宅から家賃相当分の収入が発生すると仮定して、家賃分を税法上の収入とみなしたら、どうなるのだろうか。このような制度を帰属家賃課税制度といい、北欧を中心に所得税で採用している国がある。家賃相当分を課税対象にするので、自宅所有者に不利と思われがちである。しかし、家賃相当分は確かに収入になるが、住宅の維持費、減価償却費、住宅ローンの利子などを控除すると、実際には赤字になり、その分を他の所得から控除することが多く、現実的には住宅取得奨励税制として機能することが多いのである。

北欧諸国や一九八七年までのドイツの所得税がその典型であったが、ドイツでは、このような税制上の配慮では所詮、高所得者が有利になるので、低所得者にも配慮するために、税務署への申告を通じて住宅と土地の取得費の一定割合を八年間住宅手当として支給する方法等に変えてきている。日本でも、住宅に対する税法上の配慮をもっと厚くしていいのではないだろうか（住居を賃借りしている人の支払家賃も配慮する必要がある）。

2　誰の所得なのか

夫婦の所得？

以上のように、収入金額から給与所得控除または必要経費等を控除した差額が「所得」金額である。ところで、サラリーマンが会社から支給される収入金額から給与所得控除額を引いて算出される「給与所得」は、一体誰の所得なのだろう。独身なら問題はないが、結婚して妻が子育てと家事労働に専念している場合を考えてみよう。この所得はサラリーマンである夫だけの所得なのか、それとも夫婦の共有なのだろうか。実際はすべて妻に握られているという事実上の問題ではなく、法律上の問題としてである。

民法では夫婦間で財産契約を締結していれば、その契約が優先するが、夫婦財産契約は婚姻届出前に締結し、その旨を登記しておかねばならず、しかも婚姻届の後は変更することができないので、利用している夫婦はきわめて少ない。二〇〇八年の登記件数はわずか六件で、この一〇年間の平均では毎年四件程度である。

多くの夫婦は財産契約を締結しておらず、そのため、日本の民法が採用している法定財産制度である別産制に従うことになる。これは、「夫婦の一方が婚姻前から有する財産及び婚姻中自己の名で得た財産は、その特有財産」(七六二条)とするもので、婚姻中といえども自己の名で得たものは自己のものとなり、片稼ぎ世帯の場合には外で労働する者の所得であり、家事労働に専念する者には所得はない、ということになる。だから、婚姻中といえども夫婦の財産は共有ではないのである。最高裁は次のように述べて、現行制度は合憲だとしている。

「夫婦は一心同体であり一の協力体であつて、配偶者の一方の財産取得に対しては他方が常に協力、寄与するものであるとしても、民法には、別に財産分与請求権、相続権ないし扶養請求権等の権利が規定されており、右夫婦相互の協力、寄与に対しては、これらの権利を行使することにより、結局において夫婦間に実質上の不平等が生じないよう立法上の配慮がなされている」（昭和三六年九月六日大法廷判決・民集一五巻八号二〇四七頁）

このように、民法上は片稼ぎサラリーマンの所得は彼自身のものとされている。家事労働に専念している者には所得はない、ということになる。

課税単位

では、この問題を税法上調整できないだろうか。民法上は夫の所得であっても、税金の計算上は夫婦の所得とみなすことはできないのだろうか。つまり、課税の単位を個人ではなく、夫婦にして、夫婦の所得を基礎に所得税を計算する方法である。専業主婦にも所得確保の道を税法上開くには二分二乗方式（夫婦の所得を合算し、その半分ずつをそれぞれが取得したと仮定し（二分）、それぞれの税額を合算（二乗）する方式）が考えられる。こうすれば、税法上は専業主婦にも所得が生じ、夫婦間贈与問題等は基本的に解消される。さらに、家族という消費単位を重視したn分n乗方式（夫婦だけではなく、家族の所得を合算し、一定の家族数で分割し（n分）、それぞれの税額を合算（n乗）する方式）も考えられる。

個人主義のはずの欧米では、ドイツ、アメリカが夫婦単位（二分二乗方式）の選択制を採用し、フランスでは家族単位を採用しているのに対し、個人主義が社会的になお定着していない日本で、税法上個人単位が採用されている。もっとも、日本の場合は課税に都合のいい場面では個人単位なのに、都合の悪い場面になると親族従業員問題のように個人を家族の中に埋没させているので、課税する側に有利な側面だけが利用されている。

私は二分二乗方式を支持しているが、この制度にはいくつかの難点もある。例えば、①高所得者が相対的に有利になる、②同じ家事労働をした主婦の労働の評価が夫の所得によって変わる、③片稼ぎ世帯が共稼ぎより有利になる、④「人形の家」効果（イプセンの戯曲「人形の家」からきたもので、女性を家に閉じこめる効果）が生じる、といったものである。しかし、①②については、適用範囲を一定の所得金額までに限定する等の措置や、③についてはこの制度導入と同時に共稼ぎに伴う子女の世話に係わる支出等を適正に控除し、共稼ぎ家族の負担能力の弱さを考慮する仕組みを採用する、といった技術的な工夫で解決しうると考えている。

とはいえ、世界の潮流は個人単位課税に移行しつつある。

夫婦財産契約

それでは、夫婦財産契約を締結したらどうなるのだろうか。「夫または妻が婚姻届出の日以後に得る財産は夫及び妻の持ち分を二分の一宛とする共有財産とする」という夫婦財産契約を締結した場合には、夫婦の一方が稼得した所得といえども夫婦二分の一ずつの所得があったものとして申告しうるのかが争われたことがある。最高裁（平成三年一二月三日判決・税資一八七号二三二頁）は、次のような主旨の原審の判断を支持した。

「ある収入が所得税法上誰の所得に属するかは、当該収入に係る権利が発生した段階において、その権利が相手方との関係で誰に帰属するかが重要であり、雇用契約の場合は労務を提供する者に帰属するので、財産契約が有効であっても、所得税法上は夫の所得である」

この判断には理論上も問題があるが、何よりも政策上の判断としても不適切なように思われる。このような契約が税法上も有意義で、夫婦の所得を分けることができるのであれば、多くの夫婦が財産契約を締結するきっかけになったと思われるからである。結局、現行の税法では夫婦財産契約は意味がなく、それどころか、先の最高裁判決以後、夫婦財産契約の履行によって配偶者に利益を渡すと贈与税の課税対象にされてしまった。つまり、民法が優先的に認めているはずの自由な意思に基づく夫婦財産契約は、課税上かえって不利になり、別産制が課税を通じて事実上強制されてしまっているのである。

3 「所得」に課税するのか、「人」に課税するのか

総所得金額

結局、サラリーマンの給与所得はサラリーマン自身の所得ということになる。事業所得者の場合には妻や家族が事業に専従していれば給与として所得を分配できるが、サラリーマンにはそのような方法もない。

ところで、このような給与所得以外にも所得がある場合には、それらの所得を総合する必要がある。また、他の所得でマイナスがある時は損益を通算することができる場合もある。所得税法によれば、退職所得と山林所得以外の所得は原則として総合して総所得金額を求めることになる(図1-2)。

こうして総所得金額が求められる。ところで、所得税は「所得」を課税対象にしているが「所得」に課税するのだろうか。それとも「所得を得た人」に課税するのだろうか。このことは次の問題に関係してくる。

人税としての所得税

> Aさんも B さんも、ともに給与所得が五〇〇万円ある。Aさんは奥さんと子どもが二人いるが、子育てのために奥さんは家事に専念している。一方、Bさんは独身で、親も元気に働いている。この場合、二人の所得税負担は同じか?

二人の税負担が同じでよいと考える人は、「所得」税を「所得」に課税する「物税」と理解していることになる。しかし、所得税は物に課税するのではなく、あくまでもその所得を得た人について、その人の負担能力を考慮して課税する制度であり、「人税」としての性格を持っている。この点が、固定資産税や消費税と基本的に異なるのである。所得が同じ金額であっても、その人の人的事情を考慮すれば税金を負担できる力(担税力)はいろいろ異なってくる。

利子所得 配当所得 不動産所得 事業所得 給与所得 譲渡所得 一時所得 雑所得	⇒ 損益通算 ⇒	総所得金額
退職所得	⇒ 分離課税	
山林所得	⇒ 分離課税	

図 1-2　総所得金額.

子どもが多い人や病気の家族を抱えている人など、様々な事情がある。所得税法の最大の利点はこの点を適切に配慮しうる点にあり、だからこそ憲法の要求する公平原則（応能負担原則）にふさわしい税制とされているのである。

このような人的事情を配慮する制度が所得控除であり、総所得金額に課税するのではなく、

出典）財務省のホームページ．

控除額	本人の所得要件
38万円	—
38万円	—
48万円	—
最高38万円	年間所得1,000万円以下
38万円	—
63万円	—
48万円	—
+10万円	—
27万円	—
40万円	—
75万円	—
27万円	上の場合 年間所得500万円以下
+8万円	年間所得500万円以下
27万円	年間所得500万円以下
27万円	年間所得65万円以下かつ給与所得等以外が10万円以下

表 1-1　人的控除の概要(所得税).

		創設年(所得税)	対　象　者
基礎的な人的控除	基礎控除	1947 年	• 本人
	配偶者控除	1961 年	• 生計を一にし，かつ，年間所得が38 万円以下である配偶者(控除対象配偶者)を有する者
	一般の控除対象配偶者	1961 年	• 年齢が 70 歳未満の控除対象配偶者を有する者
	老人控除対象配偶者	1977 年	• 年齢が 70 歳以上の控除対象配偶者を有する者
	配偶者特別控除	1987 年	• 生計を一にする年間所得が 38 万円を超え 76 万円未満である配偶者を有する者
	扶養控除	1950 年	• 生計を一にし，かつ，年間所得が38 万円以下である親族等(扶養親族)を有する者
	一般の扶養親族	1950 年	• 年齢が 16 歳以上 19 歳未満又は23 歳以上 70 歳未満の扶養親族を有する者
	特定扶養親族	1989 年	• 年齢が 19 歳以上 23 歳未満の扶養親族を有する者
	老人扶養親族	1972 年	• 年齢が 70 歳以上の扶養親族を有する者
	(同居老親等加算)	1979 年	• 直系尊属である老人扶養親族と同居を常況としている者
特別な人的控除	障害者控除	1950 年	• 障害者である者 • 障害者である控除対象配偶者又は扶養親族を有する者
	(特別障害者控除)	1968 年	• 特別障害者である者 • 特別障害者である控除対象配偶者又は扶養親族を有する者
	(同居特別障害者控除)	2011 年	• 特別障害者である控除対象配偶者又は扶養親族と同居を常況としている者
	寡婦控除	1951 年	• 夫と死別した者 • 夫と死別又は夫と離婚したもので，かつ，扶養親族を有する者
	(特別寡婦加算)	1989 年	• 寡婦で，扶養親族である子を有する者
	寡夫控除	1981 年	• 妻と死別又は離婚をして扶養親族である子を有する者
	勤労学生控除	1951 年	• 本人が学校教育法に規定する学校の学生，生徒等である者

総所得金額から所得控除額を引いた差額に課税するのである。現行の所得税法が用意している所得控除には表1-1のような人的控除がある。

基礎控除額で人間が生活できるだろうか

多くの人的控除が用意されているが、この中でまず注目しなければならないのは「基礎控除」である。これは、憲法二五条で保障されている生存権の反映である。生存権は一般に生活保護等の国の積極的な行為を求める権利として理解されているが、この権利は同時に、一生懸命働いて健康で文化的な最低限の生活が可能な所得を得た場合に、それには課税されない、という権利も保障しているのである。この権利を具体化したのが、所得税法の基礎控除であり、すべての納税者に保障されているのである。これが本来の意味での課税最低限である。

しかし、この金額がわずかに三八万円というのはあまりにも低すぎないだろうか。しかも一九九五年以来、まったく引き上げられていない。一九六五年当時はこの基礎控除は一三万円で生活扶助額より高額だったが、生活扶助が毎年改正されるのに対して、基礎控除の引き上げは数年に一度しか行われなかった。そのため、ついに一九七七年から社会給付と逆転しはじめ、今日では生活扶助基準額の五〇～六〇％にすぎなくなっているのである。所得税の改革を考えるのであれば、何よりもまずこの点なのである。ドイツでは憲法裁判所が一九九二年に課税最低限と生活扶助基準の一致の必要性を認め、生活扶助費を大幅に下回っていた所得税の課税最低限を違憲と判断した。そのためドイツは一九九六年改正で基礎控除を倍増し、その後も増額してきていることにも留意すべきである。

課税最低限のまやかし

課税最低限の国際比較をするならば、この基礎控除を比較すべきなのである。基礎控除もしくは税率が適用される所得ラインを単純に比較すると、日本はアメリカと並んで低い国になる。

ところが、日本では課税最低限が高いという宣伝がなされ、そのように見える比較表がよく用いられてきた。そのトリックは単純である。全納税者ではなくて、給与所得者の家族を例にして国際比較をしていたのである。給与所得者を例にすると、なぜ外国より高くなるかというと、前述のように、他の国では給与所得者に対して給与所得控除を設けていないか、設けていてもきわめて少額で、実際にかかった必要経費を控除するのが原則になっているか

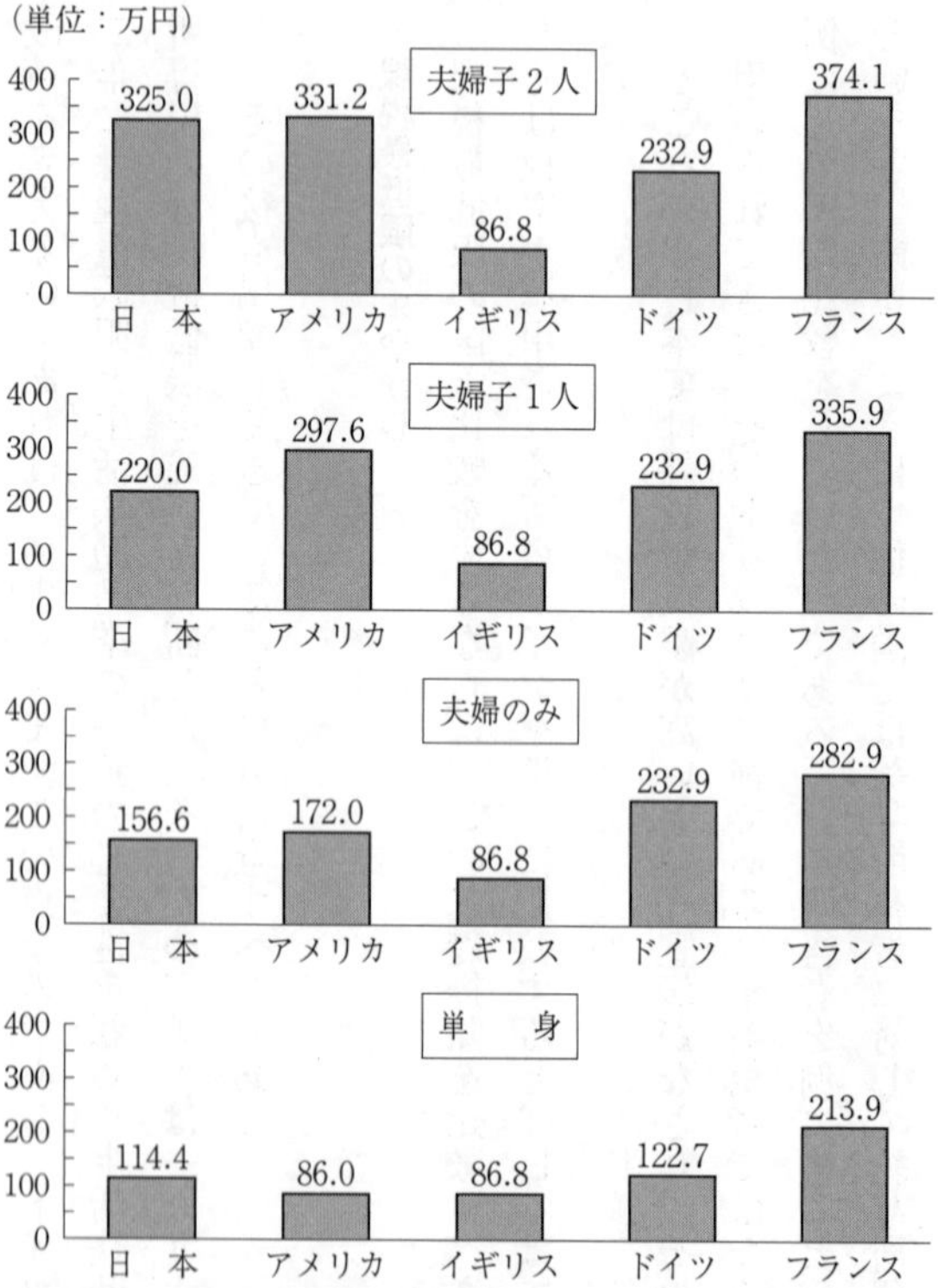

図 1-3　所得税の課税最低限の国際比較(2010 年７月現在).
注 1) 日本は子が控除対象扶養親族(夫婦子２人の場合は，子のうち１人が特定扶養親族)に該当するものとしている．アメリカは子が 17 歳未満(夫婦子２人の場合は，子のうち１人が 17 歳未満)としている．注 2) 邦貨換算レート：1 ドル＝92 円，1 ポンド＝134 円，1 ユーロ＝115 円(基準外国為替相場及び裁定外国為替相場：2010 年(平成 22 年)5 月中における実勢相場の平均値)．出典) 財務省のホームページ．上記注のほか詳細な備考があるが省略．

らである。その結果、給与所得控除額分だけ高く見えることになり、このような比較が、課税最低限の国際比較として使われてきたのである。

所得税の納税義務者の大多数がサラリーマンであるのは事実であるが、サラリーマンだけの比較で基礎控除の低さを覆い隠してきたのである。この宣伝効果により、二〇〇三年改正で配偶者特別控除の割増分が廃止され、その結果、サラリーマンの場合でも国際比較をすると、日本はもはや課税最低限が高い国ではなくなっている（図1-3参照）。

日本の課税最低限が高いかどうかという問題は、基礎控除の三八万円が妥当かどうかということから出発しなければならない。

配偶者控除論争

人的控除の中に配偶者控除がある。配偶者控除はその名前からして、日本の伝統的女性像である「内助の功」を税法上優遇したものであるかのような主張があるが、それは誤解である。なぜなら、昔は配偶者も子どもと同様に扶養控除の対象とされ、一九六一年にようやく配偶者控除が独立の控除項目になり、その際、配偶者控除の方を扶養控除額よりも少し高くし、その差を説明するために「内助の功」が使われたからである。一九七四年以後は扶養控除と配偶者控除は同額となり、「内助の功」で説明できる部分はなくなっているのである。

また、ジェンダー研究者による配偶者控除の廃止論も根強く、その主張の多くは配偶者控除を「働かないということを税制上優遇する制度」とか、専業主婦の夫を優遇するにすぎない制度と理解して、その廃止を求めている。しかし、このような理解は配偶者控除の正しい理解とはいえないのである。

憲法は二五条で「健康で文化的な最低限度の生活」を保障し、所得のない者には給付し、所得のある者には最低生活費を控除することを命じている。これが前述の基礎控除である。憲法は二五条によりすべての人間に基礎控除を保障しているといえる。ところで、家事労働が所得を生み出さないということ自体が実は問題であるが、専業主婦には家事労働からの所得はないとされ、そして現行の夫婦別産制により夫の給与等に対する持ち分もない。つまり専業主婦は無所得者であり、基礎控除という制度を利用できない。しかも、国家は専業主婦に社会給付をするわけではない。そうすると、この人たちの最低生活費はどこが負担しているのだろうか。いうまでもなく、夫のものとされている、夫名義の所得からである。そこで、夫の所得から所得のない配偶者の最低生活費分を控除するのが配偶者控除なのである。つまり、勤務をしている女性が自分の最低生活費を基礎控除として引いているのと同様に、専業主婦も自分の最低生活費を（その生活費を支出している夫名義の所得から）引いているだけのことである。これが配偶者控除制度の本来の性格である。優遇でも何でもなく、所得のない者にも基礎控除分の最低生活費を課税上除く工夫がされているだけの話である。この点を見誤ると、感情論からの課税論になる。

パート労働の壁

しかし、現行配偶者控除に問題がないわけでは決してない。何よりも、配偶者控除の適用要件が問題である。現行配偶者控除は、配偶者の一方（ここでは妻としておく）が一定金額以下の所得しかない場合に限って、他方配偶者（ここでは夫としておく）の所得から一定金額を控除できる免税点方式を採用している。そのため、妻に一定金額までは所得があっても夫の所得税において配偶者控除が適用され（本来は、配偶者の所得が増える分に応じて、配偶者控除の額が減額され、両者の合計額が健康で文化的な最低限の生活費に相応する額になっていなければならない）、所得のない配偶者の基礎控除分であるという趣旨が薄まってしまっている。しかも、免税点方式なので、一定金額を超えると控除額が一挙にゼロになってしまい、夫の税負担が一挙に増え、多少の収入増ではかえって手取額が減少してしまうことになる。このため妻が一定額以下に収入を抑えるという現象が生じ、これが俗に「一〇三万円の壁」と呼ばれる弊害を生み出し、女性の社会進出、女性労働の賃金向上に非常に悪い影響を与えてきた。これは、まさに税法上の制度が生み出した弊害であり、しかも所得が増えるとかえって手取額が減ってしまうという、所得税法上あってはならない現象を生み出してしまったのである。

このような弊害を避けるためには消失控除方式(一定額を超えても控除額を一挙にゼロにするのではなく、増えた分だけ控除額を減らしていく方法。これだと手取額がかえって減少するという事態はなくなる)を導入すべきこと等が指摘されてきたが、ようやく一九八七年の配偶者特別控除制度を通じてこれが実現したのである。

図1-4のように、収入が一〇三万円を超えても配偶者特別控除が適用されるため、実質的な控除額は変わらない。したがって、現行税法についていえば、もはやパートの収入を一定額に抑える必要は税法上なくなっているのである。にもかかわらず、社会には相変わらず「一〇三万円の壁」が存在している。その原因には税法に対する誤解、社会保険負担の問題もあるが、最大の問題は企業の配偶者手当である。配偶者手当の支給条件に税法上の配偶者控除の要件をそのまま使っているからである。組合関係者も手当の支給条件のあり方を考えるべきであろう。

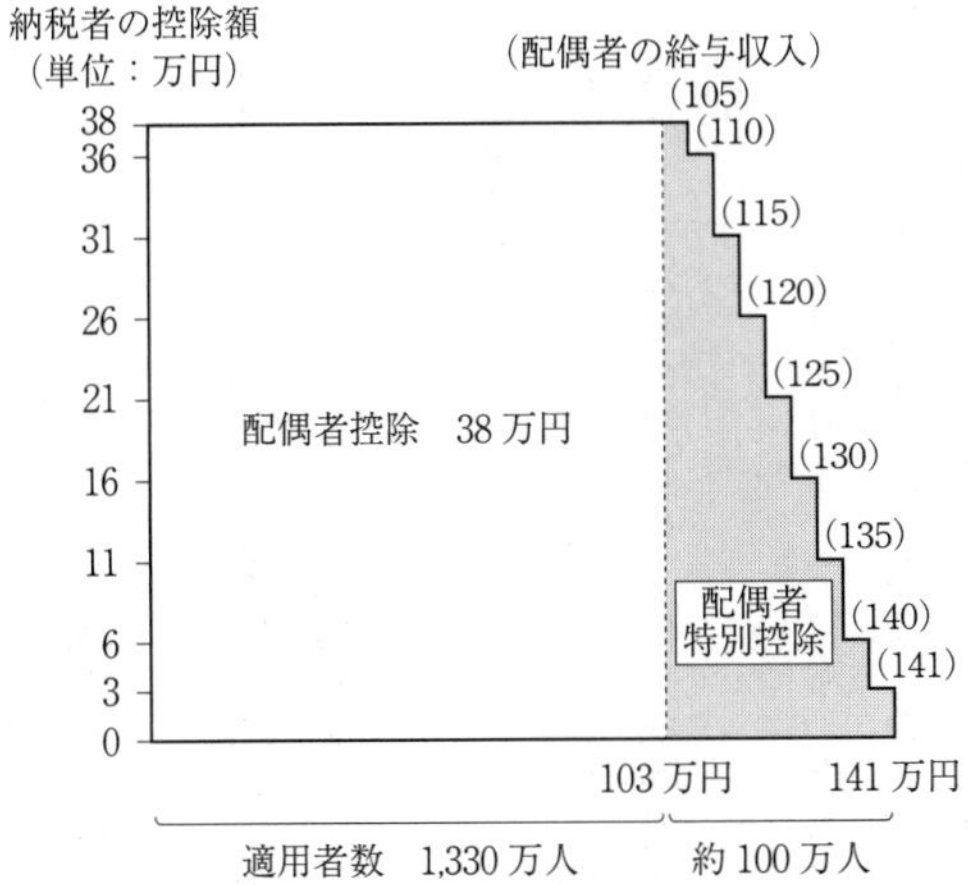

＜現行の配偶者特別控除制度の仕組み＞

○現行の配偶者特別控除は，配偶者の給与収入が103万円を超え，141万円までの場合に適用され，収入に応じて控除額が増減する仕組み．これにより，手取りの逆転現象が解消

○手取りの逆転現象の解消の具体例
①夫の給与収入1,000万円と妻の給与収入100万円の世帯と
②夫の給与収入1,000万円と妻の給与収入105万円の世帯の比較

＜配偶者特別控除がない場合＞
①の世帯の手取額：987万円（税負担額113万円）
②の世帯の手取額：981万円（税負担額124万円）
⇒世帯収入が5万円増えたにもかかわらず手取が6万円減少

＜配偶者特別控除がある場合＞
①の世帯の手取額：987万円（税負担額113万円）
②の世帯の手取額：991万円（税負担額114万円）
⇒世帯収入が5万円増えたことにより手取が4万円増加

図1-4　配偶者控除・配偶者特別控除制度の仕組み（配偶者が給与所得者の場合）．適用者数は，国税庁「民間給与の実態（平成21年分）」（年末調整を行った1年を通じて勤務した給与所得者（納税者））による．出典）財務省のホームページ．

いずれにせよ、現行の配偶者控除には抜本的な改革が必要である。廃止ではなく、所得要件を撤廃し、所得の有無にかかわらず、夫婦は自己の所得から基礎控除を控除するか、それとも他方配偶者の所得から配偶者控除を控除するか、自由に選択できるようにすべきであろう。

扶養控除も配偶者控除と同じ問題があるが、それ以上に子ども手当との関係を考えなければならないので、後ほど検討しよう。

医療費控除等

所得控除には、今まで述べてきた人的控除以外にも、雑損控除、医療費控除などの担税力を考慮するための控除や、社会保険料控除、生命保険料控除、寄附金控除などの政策的な控除項目がある。

このうち、サラリーマンにもっともよく知られているのが、医療費控除である。この控除は年末調整の対象にはならないので、一定額以上の家族の医療費支出がある場合には自分で確定申告をしなければならないからである。

医療費控除の対象となる「医療費」の範囲についても問題がある。医療費を伝統的な治療費という意味で理解するなら、特別養護老人ホームへの入所に関連して負担する措置費徴収金、老人等の介護費用等はいずれも回復が期待できる治療ではないので、医療費の対象からはずれてしまうからである。しかし、介護費用を税法上無視することは妥当でないため、二〇〇〇年あたりから実務上医療費に含める取り扱いが広がってきているのである。このことは評価されるべきだが、このような支出を医療費控除という枠内で認めることにも限界があるのではないだろうか。治療行為以外にも、私たちの健全な社会の維持のために個人が負担しているものは多く、こうした支出を社会が共通で認めあっている制度として、医療費控除に限定しない、特別支出控除のようなものに改める必要があるように思われるからである。

雑損控除は災害・盗難・横領に対象が限定されている。災害にあった場合は当然として、横領の場合は控除されるのに、詐欺にあった場合は控除の対象にならないことが、従来から疑問視されている。詐欺にあったのは本人の責任ということかもしれないが、両者の差は紙一重で、実際には詐欺被害者の方が悲惨である場合が多い。

寄附金控除は納税者に税の使い道の選択権を与えたものといえるかもしれない。一定の団体等に寄附をすると、寄附した金額だけ所得が減り、それに応じて税金も安くなるので、税として負担する分を特定の相手のために支出したことになり、個人が自分の税金の使い道を決定しているともいえるからである。それだけに、現行の予算システムの維持を困難にする要素があるが、税の使い道を納税者自身が決定できる制度は、納税者意識を高めることになるかもしれない。ただし、濫用すると、高額納税者が自己の税金を社会福祉に回すことを拒むことにも使える、という問題にも注意しておく必要がある。また、二〇〇八年度(平成二〇年度)から導入された「ふるさと納税」は税を受け取る自治体まで選択できるため、賛否両論があるが、被災した自治体を援助する制度としても注目された。

なお、すべての寄附行為が寄附金控除等の対象になるわけではなく、一定の手続が必要なので、控除を受けたい場合は、事前に確認しておいた方が良い。

4　累進税率の意味

超過累進税率

こうして総所得金額から様々な所得控除を差し引いた金額が「課税総所得」金額である。この金額に次の税率が適用されるのである。

一九五万円以下の金額　五％
一九五万円を超え三三〇万円以下の金額　一〇％
三三〇万円を超え六九五万円以下の金額　二〇％
六九五万円を超え九〇〇万円以下の金額　二三％
九〇〇万円を超え一八〇〇万円以下の金額　三三％
一八〇〇万円を超える金額　四〇％

さて、この税率の下で課税総所得金額が一〇〇〇万円の納税者がいたとしよう。この人が負担する税額はいくらになるのだろう。大多数の人は一〇〇〇万円に三三％の税率を乗じて三三〇万円と答える。これも大きな誤解である。累進税率が高すぎると批判する評論家などが、このような誤解をしたままテレビ等で解説をする場面に出くわしたが、その計算方法はいわゆる「単純累進税率」で、世界の所得税制が採用している「超過累進税率」ではない。超過累進税率というのは、課税総所得金額が一〇〇〇万円の場合、最初の一九五万円の部分は五％の九万七五〇〇円、次の三三〇万円までの部分、つまり(三三〇万円－一九五万円＝)一三五万円の部分が一〇％の一三万五〇〇〇円となり、さらに三三〇万円を超え六九五万円までの三六五万円が二〇％で七三万円、次の九〇〇万円までの二〇五万円の部分が二三％なので四七万一五〇〇円となり、九〇〇万円を超え一〇〇〇万円までの一〇〇万円部分が三三％の三三万円となる。税額はこれらの合計額である一七六万四〇〇〇円となる。

計算が少し複雑になるので、簡便さからすれば単純累進税率の方が優れているようにみえる。しかし、単純累進税率には重大な欠陥が含まれているのである。仮に、ある納税者の課税総所得金額が一二月三〇日現在九〇〇万円であり、翌日働けば九〇一万円になるとしよう。九〇〇万にしておけば税率は二三％なので二〇七万円の所得税を差し引いた六九三万円を手に入れることになるが、一万円多く稼ぐと、九〇一万円となり三三％の税率が適用されるために、二九七万三三〇〇円の所得税を差し引いた六〇三万六七〇〇円に減ってしまうのである。単純累進税率のこうした欠点を補おうとすると、税率の変わるところで難解なテクニックを使わなければならず、超過累進税率よりもかえって計算が複雑になってしまうのである。これに対して超過累進税率の場合には、九〇一万円になっても三三％が適用されるのは九〇〇万円を超える一万円の部分だけであるから、手元に残る金額も六七〇〇円増えることになり、単純累進税率のような不合理は生じないのである。

税率の変遷

一〇〇万円しか所得のない人が一〇万円負担する場合の負担感は、一〇〇〇万円所得のある人が一〇〇万円負担する場合よりも重い、という前提の下に累進税率は設けられた。形式的平等より実質的平等を重視したもので、憲法が要求する応能負担原則にふさわしい税率と一般に解されている。しかし、累進税率に対しては高所得者の「勤労意欲の喪失」等を中心とした批判も多く、近年の改正では徐々に税率構造がフラット化され、消費税導入直前の最高税率が七〇％であったのに、導入後五〇％に、一九九四年改正でさらに三七％にまで引き下げられたのである。

このような最高税率の引き下げをどう評価すべきなのだろうか。「金持ち優遇」という側面があるのは事実だが、この面だけを強調するのは必ずしも妥当ではないように思われる。というのは、確かに累進度は弱まってきているが、客観的に負担感が平等といえる累進税率が確立しているわけでもなく、現行の最高税率は、後述のように、住民税も加えると五〇％になっており、半額の税負担というのも決して軽くはないからである。ただ、従来の最高税率が引き下げられ、それに替わる消費税の導入、消費税率の引き上げという大きな改正の流れからすると、「広く薄く」低所得者にも税を負担させる方向にシフトしてきていることは間違いなさそうであるし、高所得者が実質的に税負担を軽減できる特別措置が今なお多く存在していることも忘れてはならない。

税額控除か所得控除か

以上のようにして計算した税額が一〇〇万円になったとしよう。この金額を納付するのかというと、そうではない。税額からさらに控除されるものもあるからである。これを税額控除という。現行法では①配当控除、②外国税額控除等に加えて、サラリーマンも利用している人が多い③住宅借入金(取得)等特別控除などがある。ところで、基礎控除などの所得控除と、この税額控除とはどう違うのだろう。

一〇〇万円の所得控除と一〇万円の税額控除とでは、高所得者にはどちらが有利だろうか。

現行の税率で比較すると、二〇〇〇万円の所得のある人から一〇〇万円が所得控除されると税率四〇%の部分が一〇〇万円減少するのであるから四〇万円減税となり、三〇〇万円の所得のある人から一〇〇万円の所得控除がなされても一〇万円しか税は減らない。つまり、

一般に所得控除は高所得者有利、税額控除は低所得者有利とされているのである。したがって、多くの控除項目が所得控除になっていること自体が不公平だともいわれるのである。

なお、寄附金控除は当初は税額控除であったが、高所得者の寄附を促すために一九六七年に所得控除に切り替えられた。ところが最高税率が引き下がり、高所得者の寄附誘引効果が薄くなったので、一般納税者からも政党への寄附を募るために一九九五年から「政党等寄附金特別控除」が設けられ、一般の寄附金控除とは異なり、一定の金額を税額からも控除できるようにされた。政党に対しては税の替わりに寄附をすることを広く認めていることになる。

控除から手当へ

このように、応能負担を重視すれば税額控除の方が優れているが、結局のところ、税額のある者だけしか適用を受けることができないという限界もある。したがって、課税最低限以下の者も平等に取り扱うという観点からは、所得控除や税額控除に替えて、諸外国が様々な方法で実施している手当制度を充実させる方が、より公平であるかもしれない。

この問題は、民主党政権下での子ども手当の評価に関係してくる。民主党は、扶養控除を廃止して、子ども手当の財源にしようとした。従来の扶養控除は、子どもたちの健康で文化的な最低限の生活費を課税しないように配慮した制度だが、所得控除なので、どうしても高額所得者の減税効果が高いし、何よりも、控除されているにもかかわらず、一般納税者には自覚されにくかった。これに対して、子ども手当は子どものいる世帯に直接支給されてくるので、子育て世帯には目に見える子どもへの援助になるし、高所得者よりも低所得者にとっての援助効果が大きい。その意味で、扶養控除制度よりははるかに優れた制度であった。

ところが、所得制限を設けずに手当を支給したことから、野党やマスコミがばらまきとの批判を展開し、縮小廃止されようとしている。財政を逼迫《ひっぱく》させた張本人の野党がばらまき批判をするのも問題だが、扶養控除から子ども手当という制度の転換の意味を市民に伝えなかったマスコミの責任も大きい。なお、所得制限を設けていないという批判については、こうした制限を設けるより、この手当を課税所得に入れて高額所得者からは税を通じて還元してもらう方法の方が簡便であり、合理的であろう。ねじれ国会における与野党の調整により、この手当制度の意義は曖昧化しつつある。

さて、このような税額控除額を差し引いた金額が私たちの税額になるが、申告に際して実際に支払うのは、そこから源泉徴収や事業者がすでに納付した予定納税額を控除した金額であり、源泉徴収額等の方が多ければ、めでたく還付となる。

住民税負担

以上が所得税の基本的な構造である。納税者にとっては、所得税だけではなく、地方税の道府県民税と市町村民税も気になるであろう。両者ともに所得に対して課税するものだからである。ただし、住民税は所得税と異なることがいくつかあり、サラリーマンには誤解されている点も多い。

まず、サラリーマンの場合、毎月の給料から差し引かれる税額をみると、住民税の方が高いような感じを受けることがある。これは所得税については毎月の給料ばかりでなくボーナスからも源泉徴収されるのに対し、個人の住民税はボーナスからは源泉徴収していないために生じている現象で、実際の一年間の税額合計では所得税より住民税の方が通常は少ないのである(所得が少ない場合は逆転がありうる)。県民税と市民税の標準税率は、道府県民税四%、市町村民税六%の合計一〇%となっている。

したがって、所得税と住民税を合計した場合の最高税率は五〇%ということになる。所得金額でいうと一八〇〇万円以上の課税総所得金額、サラリーマンで夫婦子ども二人の場合、二三〇〇万円程度以上の収入があると、この五割の税率の適用範囲に入ってくる。

住民税にはこの「所得割」のほかに「均等割」という制度もあり、

道府県民税　年額一〇〇〇円

市町村民税　年額三〇〇〇円

となっている。

サラリーマンは住民税について、税率が自治体によってかなり違うのではないか、と誤解している。住民税の税率は標準税率なので、自治体が独自に高い税率を適用することは確かに可能である。しかし、現実には超過課税をしていた自治体はほとんどなかったのである。均等割についても、従来は人口数により若干の差はあったものの、二〇〇四年から統一額になっている。引っ越したら住民税が高くなったという感覚は、自分の所得の変動を忘れた錯覚である場合が多かった。ところが、地方財政の逼迫の影響か、個人道府県民税の均等割についても徐々に超過課税を実施する自治体が増えつつあり、二〇〇九年度(平成二一年度)では三〇の道府県が実施し、市町村にも現れはじめているので、今後は誤解とはいえなくなるかもしれない。法人については多くの都道府県・市町村が超過課税を実施している。

また、所得税は所得を得た年度の翌年の三月の確定申告と同時に納付するが、住民税は前年の所得に対して翌年の六月から翌々年五月までの一二カ月間に給与から徴収されるか、翌年六月から翌々年一月までに四回に分けて納税することになる。そうすると、前年は所得があったが、今年度はリストラされたため所得がないのに住民税を負担しなければならないという場合がある。このような住民の負担を配慮して減免措置を講じている自治体も少なくない。

これらの住民税は、基礎控除額等の所得控除額が所得税のそれよりも低いので、所得税の納税義務を負わない場合でも住民税は負担しなければならない場合もあり、これが住民税は高いという誤解につながっているのかもしれない。

5　所得税をどう改革すべきか

建前の応能負担

以上に述べてきたことは、主として給与所得の問題であった。しかし、所得は給与所得だけではなく、一般の事業や農業からも生じる。給与所得は源泉徴収でほぼ完全に把握されているのに、他の所得は申告によっても完全には把握できていないのではないか、つまり、九（給与所得は九割把握）・六（事業所得）・四（農業所得）（＝クロヨン）とよく言われる把握格差の問題がある。このような把握格差を是正するためにも消費税が必要だとして導入されたが、導入後に把握率の格差が縮まったデータは示されていない。最近では、むしろ九・三・一（クサイ）とより広げて言う人もいるが、その実態は必ずしも明らかではない。給与所得には給与所得控除という法定額の控除と源泉徴収制度を採用し、事業所得者等には必要経費の実額控除と申告納税方式を適用する、という制度上の差があるかぎり、この問題は払拭できないであろう。

問題はこのような労働に基づく所得だけではない。所得税は私たちが得る経済的利益の大部分を課税の対象としている。では、利子・配当・不動産・譲渡といった資産性の所得をどう扱うべきなのだろうか。現行所得税法の建前では、これらの所得が総合され課税されることになっている。しかし、現実にはこれらの所得の大半は総合課税ではなく、表1-2のように、源泉分離等の軽課措置ですまされているし、その扱いもバラバラである。

こういう実態をみると、所得税の実際は相当歪んでいる。住民税も合わせた最高税率が五〇％といっても、これは総合課税される所得についてであり、高所得者が得ている資産所得の大部分はこの対象からはずれており、高所得者の実際の負担割合は、合計所得が一億円を超えるとかえって低くなっている（図1-5）。しかも、これはちゃんと把握されている場合

表 1-2　主な金融商品に対する課税.

出典）平成 22 年 5 月 31 日金融庁「証券税制について」.

商品名	利益の内訳	課税方法	所得区分
預貯金	利子	20% 源泉分離	利子所得
利付債	利子	20% 源泉分離	利子所得
	売却益(損)	非課税(損はなかったものとされる)	—
	償還益(損)	総合課税	雑所得
割引債	償還益	発行時に 18% 源泉分離	雑所得
上場株式等(上場株式, 公募株式投資信託, ETF, 上場 REIT 等)(注 1)	配当・分配金	10% 源泉徴収(2012 年以降 20%)の上, ①申告不要 ②{10% 申告分離(2012年以降 20%) 又は 総合課税(注 2)}	配当所得
	売却益(損)	• 10% 申告分離(2012 年以降 20%) • 特定口座(源泉徴収あり)の場合は，10% 源泉徴収(2012 年以降 20%)の上，申告不要	譲渡所得等
市場デリバティブ取引等	決済差益(損)	20% 申告分離	雑所得等
店頭デリバティブ取引等	決済差益(損)	総合課税	雑所得等

注 1)　上場株式等の配当等と譲渡損の間で損益通算が可能

注 2)　総合課税を選択した場合，配当所得に一定率(上場株式：10%，公募株式投資信託：5% など)を乗じた金額を税額から控除可能

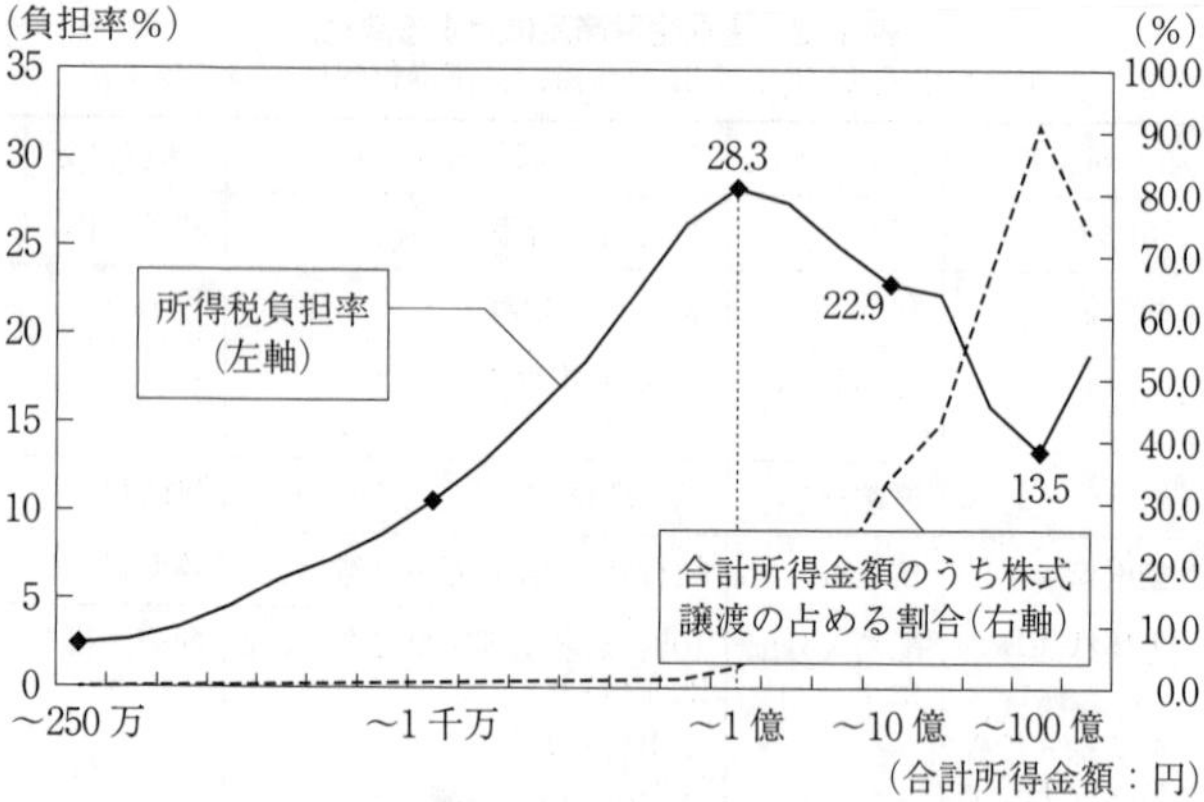

図1-5　申告納税者の所得税負担率(2008年分).
出典）平成22年10月21日税調専門家委員会提出資料より.

のことであるので、把握されていない国外の所得などを考慮すると、著しい不公平が生じている。このことを直視した上で、所得税をどう改革すべきなのだろうか。

所得の把握と番号

まず、もっとも理論的に正当なのは、このような所得をすべて公平に把握し、総合課税すべきである、という主張である。これが望ましいことは言うまでもない。しかし、どうしたら実現できるのだろうか？　番号制度を導入すれば、ある程度は可能かもしれないが、経済がグローバル化している今日、外国での金融取引の把握は容易ではないし、外国での金融商品課税とのバランスも考えないと国外金融商品に資金が流れてしまう。その意味で追求すべき課題ではあるが、その実現にはいくつもの壁がある。

それならいっそのこと、「所得」を課税対象にするのはやめて、個人の一年間の「支出」、単純にいえば、収入から必要経費を控除した「所得」ではなく、収入から必要経費と貯蓄額を控除した「支出」を課税対象にしてはどうかというのが「支出税」構想であった。二〇年ほど前には盛んに議論されたが、消費税の直接税版ともいうべきこの議論は、所得が多くても蓄積すれば課税されず、所得が少なくても家族のために消費せざるを得ない人たちの負担増をもたらす。憲法が要求している応能負担原則を重視すると、やはり不公平と言わざるを得ない税制である。

さらに、北欧で採用されてきた二元的所得税を導入すべき、という主張もある。この所得税の特徴は、①所得を大きく「資本所得」と「勤労所得」とに分離する、②「勤労所得」は「累進税率」で課税、③「資本所得」は「合算して比例税率」で課税、④資本所得の比例税率は「勤労所得の最低税率や法人税率」と等しくする、といった点にある。

こうすれば確かに、様々な金融商品から生じる所得については課税の公平性を達成するとともに、複雑な国際取引を通じた課税逃れや資本取引の海外流出を抑制できるといえよう。

しかし、他方で、勤労所得については累進税率を適用する一方で、資本所得には単一の低い税率を幅広く課すことになり、現行の不公平な所得税の歪みをかえって固定してしまうのではないか、という懸念もある。

一体、北欧諸国はどのような背景でこのような税制を採用したのかを少しみておこう。一九九一年に最初に導入したスウェーデンの場合、前述のように、総合課税の下で住宅所有者に対しても家賃相当額の収入があるものとする帰属家賃課税制度を採用していた。この制度は住宅所有者を不利にしているように見えるが、実際には家賃相当額を収入に入れる反面、住宅にかかる費用は家事費ではなく必要経費となるから、住宅ローンの利子等を含めた様々な住宅関連支出が控除できることになる。スウェーデンでは、高所得者がこれを悪用し、住宅資金を意図的に借り入れ、家賃所得を赤字にしていた。そのため、高所得者の給与所得や事業所得から赤字分が損益通算され、大幅な租税回避が図られ、所得税の総合課税が歪められていたのである。このような不公平な事態を避けるために導入されたのが二元的所得税であり、金融や資産から生じる資本所得のマイナスを労働に基づく所得と通算できないように所得を大きく二つに分けたのである。

日本の二元的所得税論は、このような背景とはかなり異なる。優遇はされているものの複雑になっている金融所得課税の簡素化をはかり、より優遇し、投資の促進を目指すことに力点があるように思われる。

税のグローバル化

日本に所得税が導入されたのは一八八七年(明治二〇年)。国際的にみても非常に早い時期に導入された。その背景には戦費調達や数年後の帝国議会開設があったと言われているが、それまでの地租に依拠していた財政構造が大きく変わった。所得に課税されることになったため、高額所得者も対策を考え、次第に法人という器に所得を移動しはじめた。そこで、法人の所得にも課税をしないと公正ではないので、所得税の中で法人所得も課税され、後に法人の所得は法人税という独立した税となった。

こうして所得に対する課税は公平性を増すかと思われたが、経済のグローバル化に伴い、法人の国際取引が激増し、さらには法人自体が国外に移動しはじめた。そこで、各種の国境を利用した租税回避対策を講じると、今度は富裕な個人が国外に移動しはじめた。個人が国外に移動し、外国企業を設立し、その企業が日本で事業活動を行う、という事態になっているのである。このような状況の中で、日本から移動できない一般市民に「公平」に課税したところで、その効果は限定的なものとなる。

本来、民主主義は、少数者の権利に配慮しつつ、多数決で政策等を決める原理である。多数の中低所得者層が少数の高額所得者に税の負担を求め、所得の再分配を通じて安定した社会をめざしたはずなのに、富裕な少数者たちが税についての取り決めを無視し、国際社会を漂流しはじめているのである。

こうした中で、国内から移動できない市民は所得税についての共通の認識を持つ必要がある。市民の税制に対する認識がバラバラだと、改革の方向性を議論することもできないからだ。その点からすると、サラリーマンと事業所得者間に横たわっている現行所得税法の差異を改めねばならない。現行制度は、確かに、サラリーマンにも課税する側にも楽な制度であり、それなりに効率的である。しかし、そのために失われているものも少なくない。サラリーマンにも法定の給与所得控除に替えて、給与に対応する支出を広く必要経費と認める規定を設けた上で、実額控除を適用できるようにしてはどうだろう。サラリーマンの納税者としての意識も相当変わってくるであろう。所得税納税者の大多数を占めるサラリーマンが、源泉徴収・年末調整・確定申告不要という制度の下で、税制について知らないままむしり取られるのではなく、税の痛みを生み出している仕組みを理解し、納税者としての適切な意見を持つようにならなければ、所得税の公平化は遠ざかるばかりである。

第二章

法人税——選挙権がないので課税しやすい?

1　会社の税金の実態

法人税率は高いか

サラリーマンが勤務している会社の所得税である法人税をみてみよう。日本の法人税率は高いので国際競争上不利であり、税率を引き下げろ、という大合唱が経済界からなされている。法人税の税収比率はこの二〇年間で三分の二以上減ってしまっている。税率も一九八六年には四三・三％だったのが、一九九九年からは三〇％になり、さらに大震災がなければ五％引き下げられることになっていたので、税率の引き下げ傾向は止まらない。

日本の経済成長がもてはやされていた時代の税率は高かったが、バブルがはじけて景気が後退してから次々に引き下げられてきており、それでも景気は一向によくなっていない。これだけ税率を引き下げてきたのに、なお、日本の法人税率は国際的に高いのだろうか。税率の国際比較をみてみよう。

図2-1をみると、地方税もあわせると、確かにアメリカと並んで高い国ということになる。ただ、高いのは法人税そのものではなく、法人事業税や法人住民税等の法人地方税を含

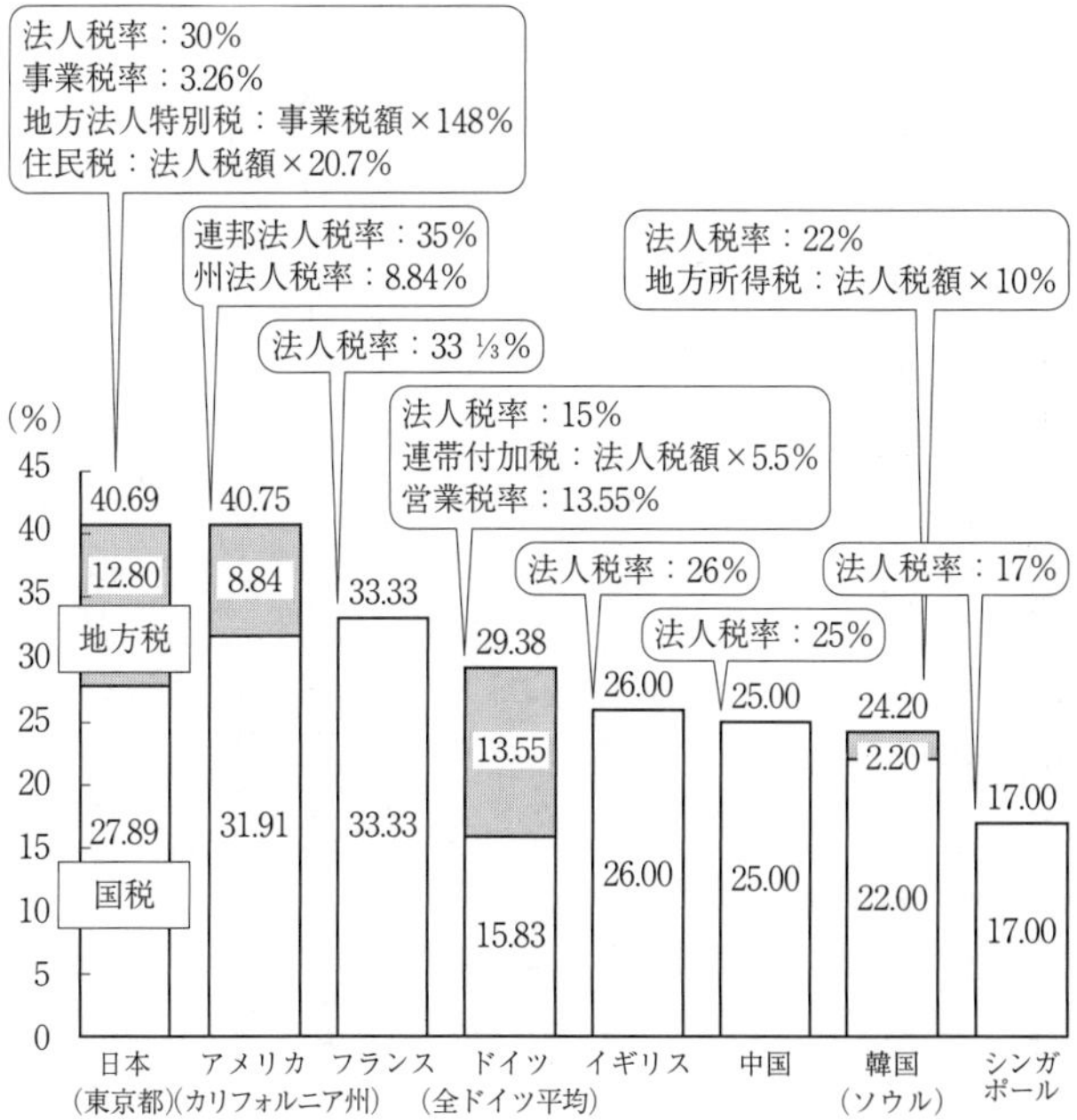

図 2-1　法人所得課税の実効税率の国際比較（2011 年 7 月現在）.
出典）財務省のホームページ.

めた負担の問題だともいえるし、税率の比較のレベルにすぎない。実際には国によって、法人の利益の計算や所得の算出方法等が異なっている。税率が二〇％でも所得が一〇〇とされるならば、税率が三〇％でも所得が五〇とされる国よりも税負担は高くなる。それに、各国とも大企業向けの特別措置があり、それを含めて実際の負担割合の方が重要である。だから、税率だけの単純な比較は問題があるのだが、それでも税率の引き下げ競争が激化している。ヨーロッパではアイルランドが税率を一気に一二・五％にしたことが引き金となって、引き下げ競争が激化した。税率引き下げで企業を呼び寄せ、経済躍進の模範生かのように見えたこの国は、その後、リーマンショックで財政が破綻し、ヨーロッパの問題児となっている。

税率の引き下げ競争は、海外に移動できるものの税率がどんどん安くなり、結局は税率ゼロにすることにならざるを得ない。そうすると、各国の税収はその国から移動できない土地と市民が負担しあっていくことになり、ＯＥＣＤ（経済協力開発機構）は「有害な税の競争」としてこうした傾向を批判してきた。その意味で、法人税についてどうすべきか国際的な協調が必要なのである。法人税も今日ではそれぞれの国が独自に決定するのが難しくなっている。

赤字法人

ところで、法人税が高いといっても法人に所得がなければ、そもそも課税されない。メガバンクの一つである三菱東京ＵＦＪ銀行は二〇一一年三月期に一〇年ぶりに法人税を納付したが、その間、欠損金の繰越で法人税を払っていなかったのである。一体、法人税を負担

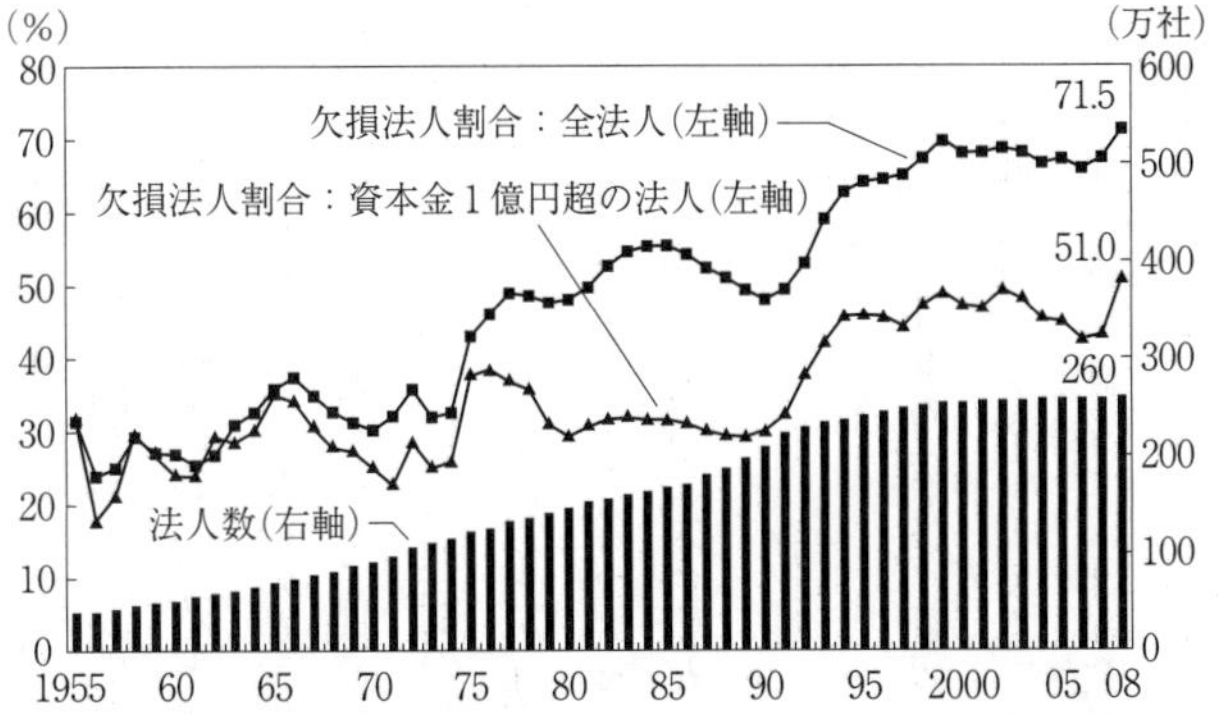

注1)　1955年分～2005年分は各年の2月1日から翌年の1月31日まで，2006年度分以降は各年の4月1日から翌年の3月31日までの間に終了した事業年度を対象期間としている

注2)　2003年度分～2008年度分の全法人は連結法人を含むが，資本金別は連結法人を含まない

注3)　欠損法人割合の資本金区分について，2007年度以前は「資本金1億円以上の法人」の計数である

図2-2　法人数と欠損法人割合の推移．出典）国税庁「会社標本調査」．

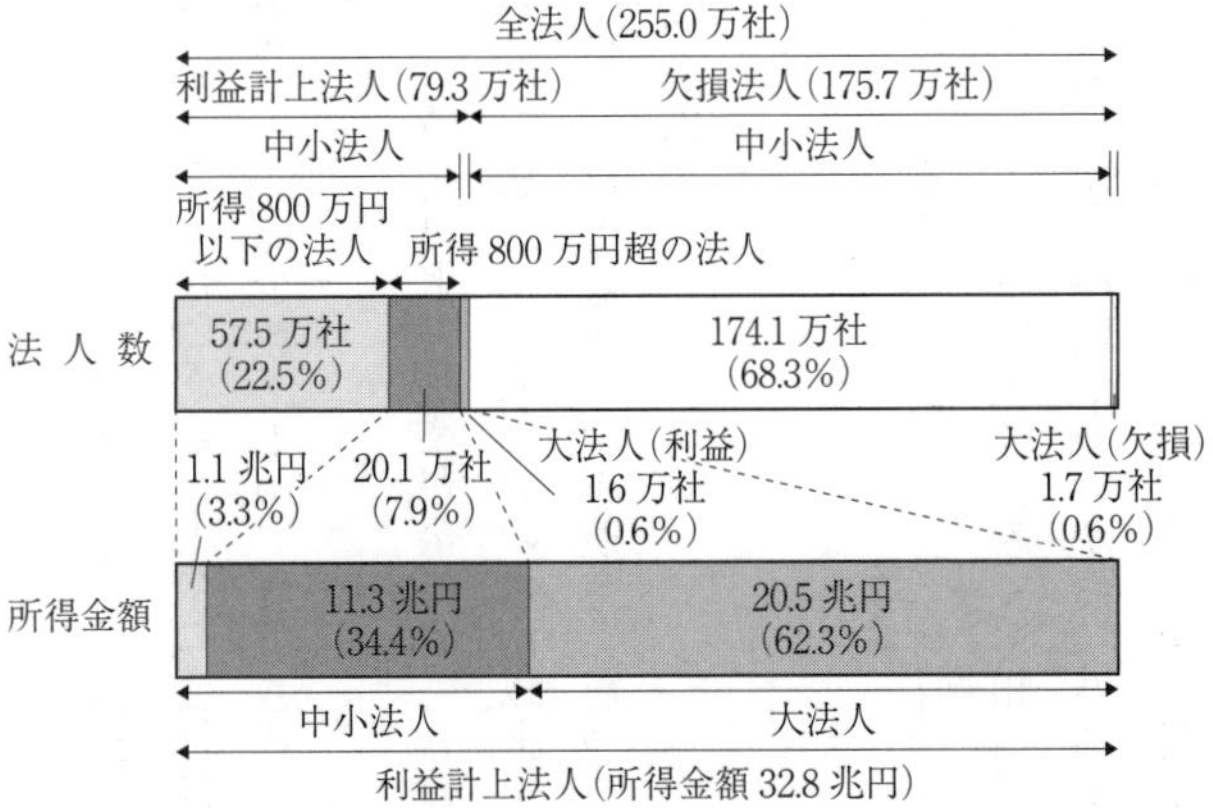

図2-3　法人税収の内訳．出典）国税庁「税務統計から見た法人企業の実態――会社標本調査結果報告　平成14年分」をもとに作成．

している企業の割合はどの程度なのだろうか。

中小企業の七割が赤字、資本金一億円以上の大企業でも五割が赤字になっている(図2-2)。赤字企業の割合がバブル崩壊後著しく増加していることがわかる。大半の会社は実は法人税を負担していないのが実態で、法人税収は法人のうちの少数によって負担されているのである。その実態もみておくと、図2-3のようになる。

法人の中の〇・〇三%程度の数しかない資本金一〇〇億円以上の企業が全体の三分の一を負担し、資本金一億円以上の法人も加えた〇・一%程度の法人で法人税収の六割以上を負担している。これらの企業からすれば負担が偏っていることになるが、中小が束になってもかなわないだけの所得を大企業が得ていることの反映でもある。

多い法人数

ところで、日本の法人数は約二六〇万社だが、ドイツ、イギリスは六二~六三万社、フランスは九四万社、アメリカでも二二五万社なので、日本の法人数は国際的にみても相当多いことになる。そうすると、単純に法人税収を比較して日本の法人税収は多いから、外国より高い負担をしているなどとはいえないことになる。外国では法人化しない中小企業が日本では

「法人成り」しているために法人の数が多く、中小・零細法人の比率が高くなっているのである。しかも、法人数は平成になっても増加し続けている。法人の方が社会的にも信用を得られるし、税法上のメリットも少なくないからであろう。しかし、法人税の対象になる法人がこのように零細企業から大企業までを広く含んでいるため、法人税という税の性格をどう理解し、どのように方向付けるべきなのかについての議論が錯綜し、分かれてくるのである。

法人税のあり方を考える前に、その基本的仕組みを概観しておこう。

2　法人税の仕組み

法人の所得

法人税も所得税と同様に「所得」を課税対象としている。この法人の「所得」は企業会計の利益と同じだろうか。もしまったく同一なら、法人税法は税率だけを規定すればいいはずである。しかし、現実の法人税法は所得計算について複雑な規定を多く設けている。要するに、法人税の対象となる所得は必ずしも企業会計の利益とは一致していないのである。

法人税法の課税対象となる所得は、収益から費用を引くのではなく「益金」から「損金」

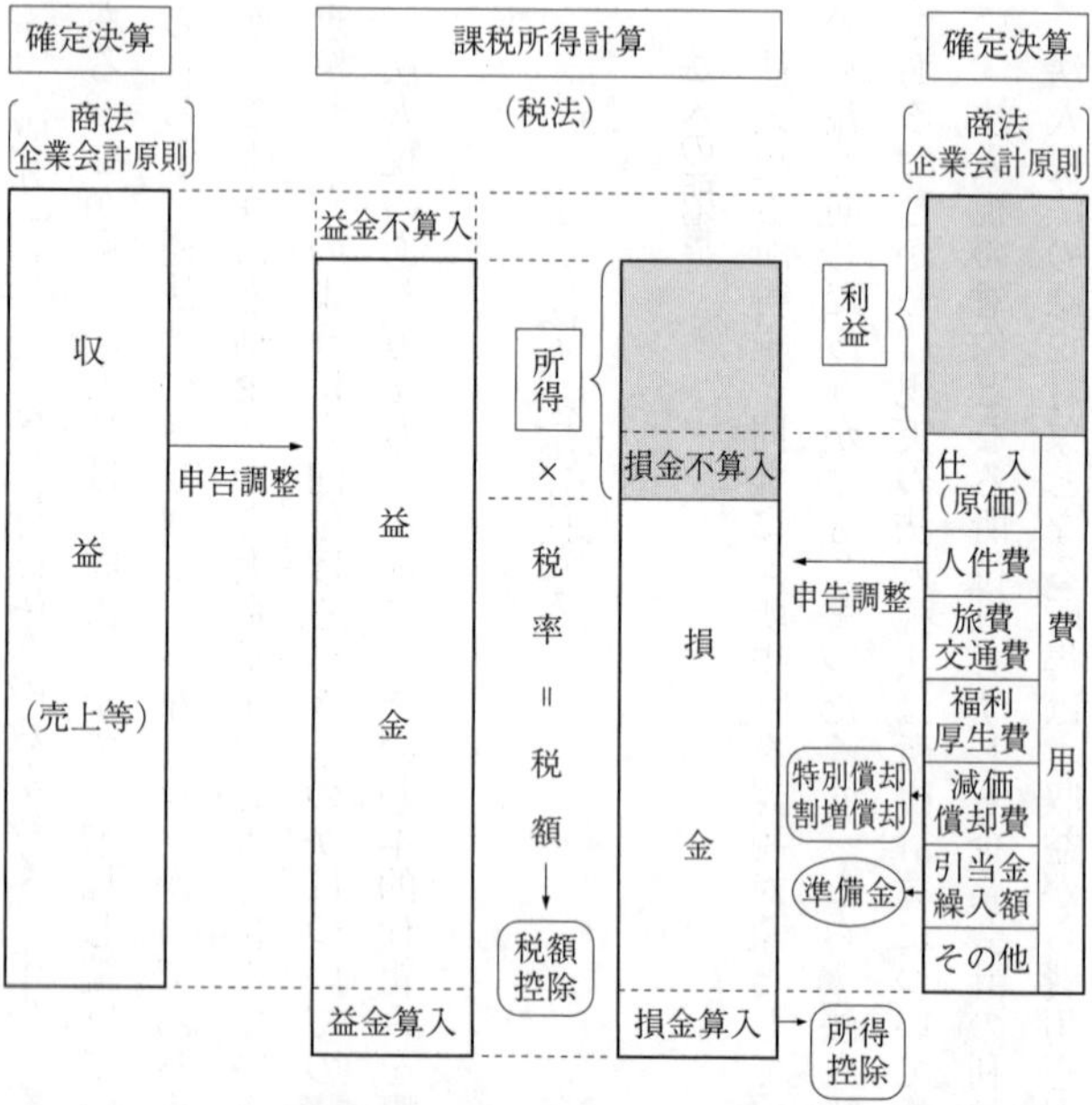

図 2-4　法人税の課税所得計算の仕組み. 備考 1) 財務省「政府税制調査会資料」により作成. 備考 2) 日本の法人税は, 企業会計上の確定した決算に基づき, 所要の税法上の調整を行い, 税法上の所得を計算するという方式を採っている(確定決算主義). 備考 3) なお, 米国の税法では, ごく一部の会計処理を除いて, 企業会計と税務会計は別個に独立して行われることが多いとされる(分離主義). 出典) 内閣府のホームページ.

を引いて求められる。この「益金の額」というのは、企業会計の「収益」をベースにして、それに「益金算入額」(企業会計上は収益とならないが法人税法上は益金となる金額)を加算し、「益金不算入額」(企業会計上は収益となるが、税法上は益金に入れない金額)を減算して求めるのである。この金額から「損金」を控除した差額が法人の所得であるが、「損金」も企業会計上の「費用」をベースとして「損金算入額」(企業会計上は費用とならないが法人税法上は損金となる金額)を加算し、「損金不算入額」(企業会計上は費用となるが法人税法上は損金とならない金額)を減算して求めることになる。

結局、法人税法の所得は図2-4のように、企業会計上の利益を税法の観点から修正したものということになる。

会社の建前と法人税

税法の観点から修正するといっても、税法は会社というものをどのように理解しているのだろうか。会社というのは個人が集まって営利目的のために作った団体である。営利目的のために作られたものだから、会社の活動はすべて営利目的のための活動であり、個人のように仕事とは別の自分自身の生活というものがあるわけではない。会社の活動はすべて営利活動という建前で考えるのである。

その結果、例えばA社がB社に無利息で融資した場合、A社に法人税が課されることがある。通常の市民の感覚からすれば、無利息で借りたB社の方が儲かったはずである。しかし、税法では会社は営利目的のために合理的に行動すべきものなので、まず、A社が通常の利息分の益金を受けたと考える。さらにA社は受け取ったとされる利息を、実際には受けていないのでB社に寄附したことになる。寄附金は事業活動とは直接関係ない支出なので一定の限度を超えると損金に入れることができなくなり、その分が所得になってしまう。その結果、無利息で融資をしたA社が課税されてしまう、ということになる。B社は通常払うべき利息を払わないですんだので、その分損金が減っていることになる。

このように法人税法は会社を合理的な営利活動団体という建前で課税する。ところが、現実の会社は会社を支配している役員等が実質的に動かしている側面もある。そこで、法人税法は、役員への報酬は原則として損金に算入することを否定しつつ、一定の基準に従った報酬だけを損金として認め、役員の親族である従業員の報酬で過大な部分(法人税法三六条)は損金に算入させないことにしている。これらの支出は会社の経費というよりも、会社の利益を役員たちに分配していると評価できるからである。

同族会社

その象徴的な規定が同族会社の行為計算否認規定である。同族会社というのは、株主等の三人以下並びにこれらと一定の特殊の関係のある個人及び法人が有する株式の総数又は出資の金額の合計額がその会社の発行済株式の総数又は出資金額の一〇〇分の五〇以上に相当する会社である。つまり、少数の同族関係者で支配されている会社である。実は日本の会社の九五％はこれに該当するのである。建前では会社は個人とは別個の利益追求のための団体だが、会社の実態は個人の支配力を無視できないことになる。

こういう会社は、経済的合理性を無視して通常の会社では当然行われないような行為がなされる場合がある。そこで、税法は「その法人の行為又は計算で、これを容認した場合には法人税の負担を不当に減少させる結果となると認められるものがあるときは、その行為又は計算にかかわらず、税務署長の認めるところにより、その法人に係る法人税の課税標準若しくは欠損金額又は法人税の額を計算することができる」(法人税法一三二条)という規定をおいているのである。要するに、税務署が通常行われるであろうと考えられる行為に置き換えて課税できるのである。

何とも納税者にとっては恐ろしい規定である。納税者が合理的と考えても、通常行われない異常な取引だと認定されると、せっかくの努力が水の泡になる。もちろん、これは仮装等の脱税とは違うので、処罰されることはないが、いつこの規定が発動されるのか、納税者には全くわからない。税の専門家である税理士にもわからない。日本税理士会連合会も二〇〇三年の改正要望の中に「同族会社の行為計算否認規定における「税の負担を不当に減少させる結果」の意義を法令で明確にすること。（所得税法一五七条、法人税法一三二条、一三二条の二、相続税法六四条、地価税法三二条）」という項目を加えている。税の専門家である税理士に尋ねてもわからないような規定がおかれているとは何とも奇妙である。憲法は、租税法律主義の原則を明記し、課税権者が恣意的に課税できないように課税要件を法律に明確に定めるべきことを要求しているからである。

同族会社に該当すると、もう一つやっかいな法人税がある。留保金課税（法人税法六七条）である。これは、会社は利益を本来は株主に配当として渡すはずなのに、同族会社だと恣意的に会社内に留保して配当課税を避けるおそれがある、ということから来ている。通常の法人税とは別に、一定の留保した所得に対して一〇〜二〇％の税率が適用されるのである。

このように、法人税は会社の建前と実態を課税に都合よく使い分けている。もっとも、会社の建前を大企業のために尊重している場合もある。次の受取配当がその例であろう。

受取配当益金不算入

企業会計上は会社の収益なのに、法人税では益金に入れないものがいくつかあるが、その代表例が会社の受け取る配当である。この制度は、会社の利益は本来会社の株主の利益であり、個人株主に最終的には配当として渡り、個人株主はその段階で配当所得に課税される、ということを前提にしている。この建前だと、個人株主は法人の利益から法人税分を除いた分が配当として交付され、その配当に所得税が課されると、法人税と所得税が二重に課税されてしまうことになる。そこで、法人税として前払いした分を所得税で調整しなければならないが、個人株主に渡る前に法人株主に渡り、そこでも法人税が課されると何回法人税が課されたのかわからず、調整不能になってしまう。そこで、法人間の受取配当は課税対象から外して、最初の法人段階で一回だけ法人税が課されたという前提で調整するのである。

この制度に対しては不公平との批判が強く、現行法人税法は、益金不算入について一定割合に限定している。とはいえ、この制度によって課税対象にならない配当を受けているのは圧倒的に大企業で、資本金一〇〇億円以上の法人が八〇％以上を占めているのである。

交際費損金不算入

企業会計上経費なのに法人税法では損金に入れないものは、前述の過大役員報酬など多いが、中小企業にとって交際費問題は深刻である。交際費はもともと損金であったが、一九五四年に冗費の節約による企業経営の健全化と公正な企業間競争を促すためという趣旨で、損金に算入されないことになった。当初は三年間の臨時的措置とされたが、期限延長を繰り返して現在に至っており、特別措置として損金算入が否定されているのである。もっとも、資本金一億円以下の中小企業については、年六〇〇万円までの交際費のうち九割を損金に算入できるとされている。

確かに、個人の場合は身銭を切るから交際費を出すのは慎重になり、これが会社の金だとなると甘くなりがちだ、というのはわからないでもない。しかし、本当に交際費が冗費なら税法上の規制が入ってから減少したはずであるが、実際には税法上の規制にもかかわらず増え続け、一九九二年には六・二兆円にもなり、バブルの崩壊後減少しつづけているとはいえ、二〇〇八年では五兆円に達している。ということは、交際費というのは必ずしも冗費ではなく、企業活動上必要な支出としての性格を有していることを示しているのかもしれない。ところで、実際に交際費を多く出しているのは、冗費を出せる余裕のある大企業なのであろうか。実は、資本金一億円以下の企業の支出している交際費が全体の六割も占めており、交際費を出しているのは大企業よりも中小企業の方が多いのである。

なぜなら、「交際費、接待費、機密費その他の費用で、法人が、その得意先、仕入先その他事業に関係のある者等に対する接待、供応、慰安、贈答その他これらに類する行為のために支出するもの（専ら従業員の慰安のために行われる運動会、演芸会、旅行等のために通常要する費用その他政令で定める費用を除く。）」（租税特別措置法六一条の四第三項）が「交際費」として規制されているのだが、中小企業にとってこれらの支出と販売促進費や広告宣伝費は限りなく近いからである。例えば、広告宣伝費は通常不特定多数の者に対して支出するものであるが、取引先が限定されている中小企業にとっては、特定の取引先に宣伝のために支出すること自体が宣伝費でもあるからである。その結果、税法上損金に認められない部分があっても、中小企業としては支出せざるを得ないことになる。

税率

このように企業会計の利益を税法的に修正して算出された課税所得に税率が適用される。適用される税率は三〇％が基本である（二〇一二年から二五・五％が予定されていたが、東日本大震災で適用見送り）。ただし、資本金一億円以下の中小企業に対しては、所得八〇〇万円以下の部分について一八％の軽減税率が適用されている。八〇〇万円を超える部分には通常の三〇％が適用されるので、この部分の税率は累進的なものとなっている。また、公益法人等、協同組合等及び特定の医療法人に対しては一八％の軽減税率が適用される（協同組合のうちの一定のものに対しては一九％）。軽減税率が適用される公益法人は約二六万もあり、その七〇％以上が宗教法人である（表２-１）。

表 2-1　公益法人等の数．

出典）税調 2001 年 5 月 22 日付「公益法人等の課税制度」5 頁．

民法 34 条法人	26,449 件（ 10.3%）
学校法人	7,676 件（ 3.0%）
社会福祉法人	16,691 件（ 6.5%）
宗教法人	182,935 件（ 71.5%）
その他	22,201 件（ 8.7%）
合計	255,952 件（100.0%）

これらの法人はそもそもすべての所得に法人税が課されるわけではなく、公益目的以外の収益事業による所得しか法人税の対象にならない。しかも、税率が通常の法人よりも低い。公益法人が一般の法人が行う出版活動や旅館業を行っても軽減税率が適用されるのは不公平だという批判が絶えない。なお、ＮＰＯも公益法人として扱われるので、収益事業しか課税されないが、一般の公益法人と異なり軽減税率等の適用はない。

組織再編税制の台頭

会社が個人と異なるのは、利益追求のための団体であり個人のように私的生活のための支出はない、という点だけではない。個人は結婚し、子どもを育て、生活スタイルを変えていくが、その人個人は死ぬまで変わらない。ところが、会社組織は経済社会の変化に対応して、会社自体が分割したり、合併したりして変化していく。とくに、二〇〇〇年五月の商法改正で会社分割制度が導入されてから、企業再編が加速されている。その際、税法上問題となるのは、組織再編成にともない移転する資産の取り扱いである。

税法の観点からすれば、会社による資産の移転はすべて時価により譲渡されたことになる。しかし、この建前を貫くと、合併や分割により会社を再編成すると会社の資産の含み益が実現して税負担が重くなり、会社の組織再編成にとっての大きな障害となる。そこで、一定の要件を満たし、実質的にその資産の支配関係に変化がないと認められる場合には、移転直前の簿価のままで新たな会社に引き継がれ、譲渡損益に対する課税が繰り延べられることになった（法人税法六二条の二）。そのため、法人税法が単なる会社の所得税ではなく、会社の組織編成に連動した税制となり、非常に複雑になりはじめている。

個人の場合は、夫婦で所得を共同に使っていても、課税するときはあくまでも稼いだ人の所得として、個別に課税する、ということを前章で述べたが、法人の場合は個別法人ごとに課税するという原則も崩れはじめている。二〇〇二年から、いわゆる連結納税制度が採用されたからである。この制度によれば、親会社と一〇〇%出資国内子会社は、選択により、同一企業グループ内の所得を連結して納税することができるようになった。この制度の最大のメリットは、グループ会社間に黒字会社と赤字会社がある場合に損益が通算できる点にある。例えば次のようなグループでみてみよう。

子会社A　赤字△四〇
親会社　黒字一〇〇　子会社B　黒字　七〇
子会社C　赤字△五〇

このグループの場合、従来の個別法人ごとの課税制度によれば、親会社と、子会社Bがそれぞれの所得に応じて法人税を負担するので、一〇〇と七〇の所得に対してそれぞれ法人税を負担し、子会社AとCは所得がなかっただけのことになる。ところが、これを連結すると、一七〇の黒字に九〇の赤字を通算できるので、グループの所得は八〇ということになる。この制度の導入によって、新規事業を立ち上げる際に子会社を設立しやすくなったといえる。新規事業は最初赤字になることが多いので、従来のようにグループで通算できないときは子会社にせずに支店に止めてきたが、今後は税金面を気にせずにその事業に合った組織を構築できることになったといえるからである。

ただ、連結納税は適用開始時に子会社の保有資産を強制的に時価評価するので、それを嫌うグループ企業が多かったため、グループ内部の取引についての税法上の扱いが違っていた。そこで、グループの一体性を重視して、連結納税を選択していなくても内部取引については連結納税と同じようにするグループ税制も二〇一〇年から導入されている。

このようにグループで税負担を考慮することを認めることは、諸外国の法人税制でも採用されており、確かに合理性もある。しかし、個人の場合は個人ごとに課税する制度を強制し、会社の場合にはグループでの納税も認めるというのは、課税単位のあり方としてはご都合主義といえるかもしれない。

3　会社の所得は誰のものか

法人擬制説と実在説

会社が所得を得たら法人税等を負担するが、この会社の所得とは一体誰のものなのだろうか。会社自体は利益追求のために人が集まって作った団体であるから、結局は会社に出資し

出典）財務省のホームページ．詳細な注があるが省略．

イギリス	ドイツ	フランス
法人税率　28%	法人税率　15% ＋税額の5.5%の連帯付加税	法人税率　$33\frac{1}{3}$%
部分的インピュテーション方式	調整措置なし ただし，配当等については一律25%の申告不要	【分離課税を選択した場合】 調整措置なし 【総合課税を選択した場合】 配当所得一部控除方式（受取配当の60%を株主の課税所得に算入）
全額益金不算入	95%益金不算入	全額益金算入 ただし，持株比率が5%以上の会社から受け取る配当については，受取配当額の5%に相当する額のみ課税される

た人たちのものなのだろうか。もし、そうであるならば、結局は配当等として個人に渡るのであるから、所得税で課税すればよく、法人税は不要かもしれない。あるいは、少なくとも個人が配当として受け取った所得はすでに法人税を負担しているので、法人税と所得税の二重課税を調整すべきだということになる。

このように、会社の所得は所詮個人株主等の所得なのだ、と考えるのを税法では法人擬制説とよぶ。法人というのは仮の姿で、法人の所得は最終的には個人の所得になる、というわけである。この立場に立てば、法人税というのは所得税の前取りにすぎず、株主の配当所得のところで法人税分を調整しなければならない。調整するためには、前述のように、法人間の受取配

表2-2　主要国の配当に係る負担調整の仕組み(2011年1月現在).

	日本	アメリカ
法人段階	法人税率　30%	法人税率　35%
個人株主段階における法人税と所得税の調整方式	【確定申告不要又は申告分離課税を選択した場合】 調整措置なし 【総合課税を選択した場合】 配当控除 (配当所得税額控除方式)	調整措置なし
法人間配当	［持株比率］　［益金不算入割合］ 25% 未満 ‥‥‥‥‥ 50% 25% 以上 ‥‥‥‥‥100%	［持株比率］　［益金不算入割合］ 20% 未満 ‥‥‥‥‥ 70% 20% 以上 80% 未満‥ 80% 80% 以上 ‥‥‥‥‥100%

当金を益金に入れない(法人税法二三条)ようにした上で、法人税はできるだけ単純な比例税率がよいことになる。

これに対して、会社というのは個人株主からも離れた独自の存在であって、会社の所得はやはり会社自体の所得と考えるべきだという法人実在説もある。この立場に立てば、二重課税調整などは不要で、会社の場合も個人と同様に会社の所得に応じた超過累進税率を適用した方が公平である、ということになる。各国はこの問題にどう対応しているのだろうか。

表2-2をみると、実在説的に負担調整をしない制度を採用しているのはアメリカぐらいで、他の国は会社の所得は株主の所得という前提の下で様々な調整をしていることになる。インピ

ユテーション方式というのは、個人株主がもらう配当の中には法人税が含まれているとして、法人税分も個人の所得に入れた上で、所得税額からその法人税分を控除する方式である。例えば法人税率三〇％の国で七〇の配当がなされた個人は、法人税分の三〇を加えた一〇〇の配当所得があったとして所得税を計算し、その所得税額から法人税分の三〇を控除するような方式であり、国によって調整する割合等が少し異なっている。

サラリーマンからすれば、会社は会社を支配している個人の色彩が強いという面にも、個人を超越した会社という存在そのものがあるという面にも共鳴できる。確実なことは、サラリーマンのものではないということだけかもしれない。

選挙権のない法人

法人税は大企業に有利で不公平だという批判がある一方で、法人に課税すること自体に対する批判もある。そもそも、法人税を本当に負担しているのが誰だかわからない。法人税というのは、最終的には会社の所有者、あるいは労働者の賃金、あるいは消費者に転嫁されてしまうので、負担者は誰だかわからないというのである。したがって、誰もが無責任になり、安易な増税対象として法人が選ばれる、というのである。それに、法人には選挙権がない。

そのため政治家も法人に対する課税に賛成しがちであり、その例として湾岸戦争の時の法人臨時特別税や東京都の銀行税などがあげられる。

だが、本当に選挙権のない法人はか弱い課税対象で、増税の犠牲になっているのだろうか。だとしたら、会社法改正に対応して素早く法人税制が改正されたり、連結納税制度などが導入されたのはなぜなのか。立法を左右する各種委員会に企業の代表者等がなぜ多く入っているのか。法人に選挙権はないという議論は、企業の政治献金問題を無視した議論であろう。

日本では、企業献金そのものは今なお禁止されていない。金額の点で制限があるものの、法律は個人と同じように会社も政治献金を行うことを認めているのである。政治家個人に対する企業献金は、「リクルート事件」(一九八八年発覚)を契機に禁止され(一九九四年)、政治家の資金管理団体に対する企業献金も二〇〇〇年から禁止されたが、政党に対する企業献金については今なお継続されている。現実には、個人名義でも企業が負担している例も多く、政治献金の大部分は今なお企業・団体献金である。これでは、政治献金をする余裕もないサラリーマンの声など政治過程で無視されてしまいかねない。むしろ、政治献金は自然人である国民にのみ参政権を認めた憲法に反するのではないか、という疑問さえある。

この点について最高裁(昭和四五年六月二四日判決・民集二四巻六号六二五頁)は、「会社が、納税の義務を有し自然人たる国民とひとしく国税等の負担に任ずるものである以上、納税者たる立場において、国や地方公共団体の施策に対し、意見の表明その他の行動に出たとしても、これを禁圧すべき理由はない」として企業献金を肯定している。この説明では、法人は法人自身の所得について個人同様に納税義務を負担していることになるが、現行税制は前述のように法人税負担を基本的に個人の負担の前払いとして構成しているので、個人と同等の独自の担税力を見いだして課税しているわけではない。ここでも、課税の論拠が都合よく使い分けられているのである。

法人税の方向

法人税改革の方向については、法人税を負担しているのが結局は誰であるかがわからないので、軽減どころか廃止すべきだという意見がある一方で、大企業と中小企業に分けた上で大企業に対しては累進税率を適用すべきだという積極論もあり、様々な意見が対立している。まず直視しなければならないのは、前述のように大部分の法人は赤字法人で実は法人税を負担していない、ということであろう。法人税は、結局のところ、益金から損金を差し引いた「所得」がプラスでなければ課税されないものなのである。しかも、この所得の計算過程に様々な特別措置が組み込まれており、「所得」自体が公平に算出されているわけではない。

政策目的のための優遇策がさらなる優遇策をよび、結局、不公平だらけの税制になっている、というのが法人税の現状であった。民主党政権になってから、特別措置については少し整理されたが、なお多くの制度が残っている。ここでも、企業の「国際競争力」という難問があるからである。日本の税制を公正化しようと思っても、諸外国が競って大企業向けの優遇措置を導入していくと、日本企業だけが不利な条件の下でビジネスを強制されることになりかねないからである。

このようにグローバル経済下の法人税改革の方向は、当面は、世界の法人税制の動きをみながら、できるだけ公正・公平な措置を導入していくしかない。もはや、一国の事情だけでは税制を決定するのは不可能になってきていることを直視しなければならない。だから、日本が行うべきことは、法人税制についての国際的協調制度の確立に向けての努力である。税の割引競争は、結局各国の税制の首を絞め、最後は税をとれないことになる。そのことは誰でもわかっているが、競争をしている以上は歯止めがかからないのである。それぞれの国の専権である課税権について、各国が譲歩し、調整する国際機関を創設できるかが、人間社会が新たなステージに進むための課題である。

第三章

消費税——市民の錯覚が支えてきた？

この章では消費税を考えてみよう。この税ほど市民に身近で、しかも誤解されている税もないように思われる。どこが誤解されているのか、消費税の基本的仕組みも解説しながら説明しよう。

1　錯覚する消費者

痛みを感じた消費税

一九八九年に導入されてから二〇〇四年まで消費税は消費者の痛税感を刺激した。例えば、喫茶店に入り、三五〇円という値段の付いているコーヒーを注文しよう。香りもすばらしく美味しく飲んだあなたはレジで三五〇円を出す。すると、「三六七円です」と言われ、ハッとして消費税(正確には国税としての消費税四％に地方消費税一％の合計五％。以下では両税をまとめて消費税という)のことを思い出す。あなたは、三六七円をしかたなく払い、消費税という税金の存在を自覚する。

このような税負担を感じることを「痛税感」とか「税痛感」というが、日本の消費税は市民にもっとも強い「税痛感」を自覚させ、子どもにも消費税の名前を知らしめた。なぜ、そうなったのだろう。

もし、ビールを買うとき、値段が一九〇円と表示されているので一九〇円渡して、「一九〇円に酒税一三九円と消費税一六円の合計三四五円いただきます」と言われたら、あなたもビールの酒税がこんなにも高いのかと自覚し「税の痛み」を感じるはずである。消費税がもたらした「税痛感」という効果は、商品の価格の中に消費税を含めて表示(内税方式という)せずに、支払に際して加算するという、いわゆる外税方式を多くの業者が採用したことによるものである。

財務省(旧・大蔵省)も消費税導入当初は業者が消費税を転嫁しやすいように外税方式を認めてきたが、外税方式だとわずか五%の負担でも消費者には痛みを与え、消費税率を引き上げにくくするので、二〇〇四年から内税方式(総額表示方式)を強制することにしたのである(消費税法六三条の二)。内税方式に切り替えればビールのように四〇%以上の負担でも消費者は税負担を自覚しなくなり、引き上げについても関心が薄くなるからである。付加価値税を実施しているフランス、ドイツ、イギリスなどでは消費者に対してはほとんどが内税方式で価格表示をしており、事業者間での取引にのみ外税方式が用いられている。内税方式への切り替えは税率アップの準備であったが、内税化後も国民の抵抗感が強く、相変わらず、税制改正の最大の争点となっている。

なお、五%の負担のうち、一円未満の端数は切り捨てることができるので、三五〇円の場合は一七円の負担になる。

誰が払うべきなのか

ところで、外税時代には、コーヒー代金は三五〇円と表示されているので、税のことを考えずに飲み、払う段階で三六七円を請求されてきた。もし、あなたが、一七円も余分に払うのはいやだと言ったらどうなるのだろう。注文した以上、あなたが負担しなければ、あなたは脱税者になるのだろうか。つまり、あなたは納税義務を負うのか、という問題である。

多くの消費者は、「消費税」という名前からして消費者が負担しなくてはいけない税金だと考えているようだ。しかし、消費税法は納税義務を「事業者」(五条)に課しているのである。つまり、納税義務を負うのは事業者であって消費者ではないので、あなたが「消費税は払いません」と言っても一向にかまわなかったのである。そうすると、業者は「それならコーヒーは売りません」というだけの話である。このあとは消費者と業者の事実上の力関係で決まる。業者がどうしても売りたければ、三五〇円に値引きするからどうぞ、ということになり、あなたがコーヒーを飲みたくてしかたなければ、三六七円支払って飲むだけのことである。もし消費者が納税義務を負っている税金であるなら、スーパーが勝手に「消費税還元セール」をやるのは違法なことになるはずである。

これが、通常の間接税の法的関係なのである。間接税というのは法律上の納税義務者と実際の負担者とが一致せず、納税義務は事業者が負い、その分が商品の価格に転嫁されることが予定されている税である。なお、転嫁といっても法律が転嫁を強制しているわけではなく、その「可能性」を認めているだけなので、力の弱い業者は転嫁できずに自ら負担することもありうるのである。同じ消費行為に課税する場合でも、例えばゴルフ場利用税のように「利用者」に納税義務が課されている(地方税法七五条)直接税とは異なっているのである。

ところで、あなたはすでに飲んでしまったので三六七円を支払うとしよう。このうちの一七円は一体何だろう。あなたは消費税の納税義務を負っているわけではないのだから、あなたが払った一七円は消費税そのものではない。この消費税相当額である一七円は実は「対価の一部」なのである。つまり、あなたは三五〇円に消費税一七円を上乗せして消費したのではなく、あくまでも三六七円の商品を買ったにすぎないのである。だから、その業者が実は免税業者で消費税を現実には納めていないとしても、後から返還を請求することもできないのである。

それなら、最初から価格として表示すべきであり、その意味では内税化して総額を表示するのが正しいが、そうすると徐々に税痛感を失っていく。消費税のジレンマである。総額表示になってから、消費税が五％であることは一般論としては理解していても、消費をするたびに税金のことを考えることはなくなっているはずだ。

誰に払っているのか──免税業者

あなたが消費税だと思いこんで負担したものが、業者の手を通じて必ずしも全額税務署に渡っていない、という問題は「益税」問題としてしばしばマスコミでも取り上げられてきた。益税は中小企業特例といわれる諸制度を通じて生じていた。この特例は一九九七年までは三種類あったが、現在は次の二種類に縮小されている。

まず、免税点制度というのがある。

消費税の納税義務は事業者に課せられているが、すべての事業者が納税義務を負っているわけでもない。事業者であっても前々年または前々事業年度の課税売上高が一〇〇〇万円以下である場合には免税事業者となり、確定申告の必要もなくなるからである（消費税法九条）。しかし、免税業者も商品の仕入に際して消費税を負担している。従来と同じように利益を出すためには、仕入にかかった消費税分を商品価格に上乗せしなければならない。今まで六〇〇万円仕入れて一〇〇〇万円の売上があった場合は、六〇〇万円の仕入に際して三〇万円の消費税を負担するから、一〇三〇万円の売上は欲しいことになる。そうすると、売上一〇〇〇万円分の三〇万円、つまり、三％の値上げをすればいいのだが、なぜ三％値上げするのかの説明は難しいので、「消費税をいただきます」と五％の値上げをすることになる。そうすると、この業者は一〇五〇万円の売上になり、売上には消費税がかからないので、仕入の二〇万円を引いても、従来の儲けよりも二〇万円も増えることになる。これが益税といわれ、消費者の反発を招いてきた。

二〇〇四年四月から従来の三〇〇〇万円が一〇〇〇万円の基準に切り下げられたので、課税業者に該当する者が激増したが、それでも事業者（個人二八一万、法人二八六万）の約六割程度である（表3-1）。にもかかわらず、消費者はあらゆる取引に際しておとなしく消費税分として負担してきているのである。しかし、免税業者も仕入にかかった消費税分の負担を転

表3-1　消費税の課税事業者数.
出典）平成18年6月16日税調提出資料.

	2004年度	2005年度
個人事業者	42万件	158万件
法　　人	171万件	(216万件)
合　　計	213万件	(375万件)

注1）個人事業者の各年度の件数は，それぞれ2004年分及び2005年分の申告件数である
注2）法人の2004年度の件数は，2004年4月1日から2005年3月31日までの間に終了した課税期間分の申告件数であり，2005年度の件数は，2003年4月1日から2004年3月31日までの間に終了した課税期間分の申告件数に新規課税事業者見込数を合計して推計した件数である

嫁したいので、やむを得ないと反論するであろう。消費者は消費税と思いこんで負担し、免税業者も仕入分の消費税の転嫁を本来の消費税の転嫁と思いこんでいるようだ。消費者と業者の錯覚で成立している税金、それが消費税かもしれない。

このような免税制度は諸外国にもあるが、EU諸国の大半は一〇〇〇万円前後にすぎず、日本の一〇〇〇万円という免税点は高いといわれている。これは、消費税導入時の業者の反発を回避するために当初高く設定し、徐々に引き下げてきているためである。いっそのこと欧米並みに引き下げろ、という議論もあるが、他方で課税売上が一〇〇〇万円にも満たない零細業者を消費税の納税者にしたところで、税収にはさして影響はないし、かえって滞納が増えるだけではないか、という反論もある。

誰に払っているのか――簡易課税業者

益税が生じるもう一つの原因は簡易課税制度である。

消費税の原則的計算方法では課税売上と課税仕入を正確に計算して納付税額を算出しなければならないが、簡易課税制度というのは、課税仕入を課税売上の一定割合にみなして、税額の算出を簡便にする制度である。具体的には、事業形態により、卸売業、小売業、製造業等、サービス業等、その他の事業の五つに区分し、それぞれの事業の課税売上高に対し、卸売業については九〇％、小売業については八〇％、製造業等については七〇％、サービス業等については五〇％、その他の事業については六〇％を仕入とみなして税額を算出できるのである。これだと、課税売上さえわかれば税額が簡単に算出できることになる。例えば、消費税抜きで五〇〇〇万円の課税売上のある小売業者の場合はその八〇％が課税仕入とみなされるので、五〇〇〇万円－（五〇〇〇万円×〇・八）＝一〇〇〇万円の五％である五〇万円を税務署に納付すればよいことになる。

ところが、この小売業者の実際の仕入額が三〇〇〇万円だったら、どういうことになるのだろう。この業者は仕入に際して一五〇万円の消費税を負担して購入し、消費者から五〇〇〇万円の五％である二五〇万円を受け取り、税務署には五〇万円しか納付しないことになる。そうすると、消費者が負担した二五〇万円のうち一五〇万円は仕入の時に、五〇万円は消費

表3-2　簡易課税制度の適用状況.
出典）平成18年6月16日税調提出資料.

	課税事業者数	簡易課税		本則課税	
	(a)	(b)	(b)/(a)	(c)	(c)/(a)
個人事業者	158万件	99万件	63.1%	59万件	36.9%
法　　人	171万件	65万件	38.1%	106万件	61.9%

注1）　国税庁が集計した消費税の課税事績（申告件数ベース）に基づく
注2）　個人事業者の件数は，2005年分の申告件数である
この課税期間の事業者免税点制度の適用上限は1,000万円，簡易課税制度の適用上限は5,000万円である
注3）　法人の件数は，2004年4月1日から2005年3月31日までの間に終了する事業年度分の申告件数である
この課税期間のうち，2005年3月30日までに終了する事業年度分の事業者免税点制度の適用上限は3,000万円，簡易課税制度の適用上限は2億円であり，2005年3月31日に終了する事業年度分の事業者免税点制度の適用上限は1,000万円，簡易課税制度の適用上限は5,000万円である

税申告の時に納付されているが、残りの五〇万円はどこにいくのだろう。これは小売業者の雑益になるのである。このように、簡易課税は課税仕入を実際の仕入率ではなく、みなし仕入率で計算するので、そこに差が生じ、それが益税というものを生み出すのである。

この簡易課税制度は選択制で、法人の場合は前々事業年度、個人の場合は前々年（暦年）の課税売上高が五〇〇〇万円以下である場合に選択できる。法人の場合は適用事業年度開始の前日、個人の場合は適用年度の前年の一二月三一日までに税務署に届け出なくてはならないが、税理士等の専門家もうっかりこの選択期限を忘れ、納税者に損害賠償をしなければならない事例が増えている。

また、一度選択すると二年間は変更できないので、

予定外の設備投資が必要になり、結果として原則計算の方が有利であったような場合も出てくるのである。その意味で、この選択制度は一種の賭のようなものだともいわれる。

この制度を選択している業者は、表3-2のように個人は六割、法人は四割で、全体の約半分といえよう。

業者の約四割が免税業者で、残りの業者の約五割が簡易課税業者だとすると、実際に消費者が消費税だと思って負担している金額の何割が、本当に消費税として納付されてきたのだろうか。消費税が定着した今、もはやこれらの益税を生み出す制度の役割は、課税する立場からも終わったのかもしれない。

2　シンプルでも、公平でもない税制

どの取引に消費税がかかるのか

ところで、物を買うと必ず消費税を負担させられるのだろうか。かからない物もあるのだろうか。消費税法は、まず四条で「国内において事業者が行つた資産の譲渡等には、この法律により、消費税を課する」と規定し、国内のすべての取引を課税対象にしている。このよ

うに、原則としてすべての消費行為を課税対象とするのを一般消費税というが、消費税導入に伴い廃止された物品税は全くこの逆であった。物品税法の一条では「別表に掲げる物品には、この法律により、物品税を課する」と規定し、課税する物品を一つ一つ法律に明記していかなければならない制度だったからである。この制度では、明記されている商品とは異なる新製品が発売されたときには直ちに課税できない。課税するためには法の改正が必要で、いわば議会のチェックを一々受けねばならなかった。

租税法律主義の要請からすると、物品税の方が優れた面もあるが、議会が適切にチェックできないと不合理なものにもなりかねないし、課税する立場にとっては新製品が発明されるたびに法改正をしなければならないのは大変な手間でもあった。消費税はこの関係を逆転させ、原則としてすべての取引に課税するとした上で、六条において「国内において行われる資産の譲渡等のうち、別表第一に掲げるものには、消費税を課さない」という非課税規定を設けたのである。これにより今度は例外的に非課税にするものだけを法律(別表)に明記すればよいことになった。そうなると、新製品は当然法律(別表)には明記されていないので自動的に課税しうることになる。したがって、一度導入できれば後は議会のチェックを一々受けることなしに、自動的に課税対象を拡大できることにもなるのである。この意味で、課税する立場からは大変魅力的な税であることは間違いない。

シンプルな税制か

現在、消費税法が非課税としている取引は次のようなものである。

土地の譲渡及び貸付け
有価証券、支払手段等の譲渡
貸付金等の利子、保険料等
郵便切手類、印紙、物品切手等の譲渡
行政手数料等、国際郵便為替等、外国為替取引
医療保険各法等の医療
社会福祉事業法に規定する第一種社会福祉事業等
第二種社会福祉事業及び社会福祉事業に類する事業
一定の学校の授業料、入学検定料
入学金、施設設備費、学籍証明等手数料

助産
埋葬料、火葬料
身体障害者用物品の譲渡、貸付け等
教科用図書の譲渡
住宅の貸付け

この取引以外は一律五％で課税されるので、その限りでシンプルなようにみえる。しかし、実際に購入した物が非課税取引に該当するかどうかを判断するのはそう容易ではないのである。例えば、印紙と商品券を購入したとしよう。商品券は物品切手に該当するから、印紙も商品券も上記の非課税取引に該当するようにみえる。

ところが、消費税法では、印紙についてはその譲渡が「郵便局、郵便切手類販売所又は印紙売りさばき所」でなされた場合に非課税としており(別表第一第四号イ)、商品券についてはそのような限定はない(別表第一第四号ハ)。その結果、金券ショップで商品券と印紙を買うと、商品券は非課税、印紙は課税ということになる。一般のサラリーマンはこんなことを気にする必要はないが、業者の場合だと、課税対象となる印紙を購入した方が自己の納税額を算出するときには有利になるので節税策となる。

非課税取引の範囲が難しいだけではない。国内における資産の譲渡や役務の提供が課税対象なら、あなたの給料はどうなるのだろう。消費税は、資産の譲渡等のうち、国内において「事業者が事業として対価を得て行う」ものを課税対象としているので、あなたが受け取る給与はそもそも課税対象の範囲にも入っていないのである。このような取引を「不課税取引」という。寄附金、祝金、試供品の提供、保険金・共済金、資産の廃棄・盗難・滅失、心身または資産について加えられた損害の発生に伴い受ける損害賠償金、国外での取引などは、このような不課税取引ということになる。

つまり、消費税はすべての取引にかかるわけではなく、非課税取引と不課税取引を除いた取引を対象にしているのである。消費税の納税義務者ではない消費者にとってはそう大した問題ではない。しかし、業者にとっては大変なのである。

というのは、業者は自己が行った取引を課税取引と非課税取引、不課税取引に分類しなければならないからである。それに消費税は課税売上に税率を適用するだけではなく、仕入に際して負担している消費税分を控除できるので、仕入も課税仕入と非課税仕入、不課税仕入に分けなければならない。あなたが会社の福利施設を利用して負担した使用料は課税売上、会社があなたに払う給料は不課税、出張旅費は課税仕入だが、国外は不課税、あなたに支払う通勤手当は課税仕入、というように全取引を分類しなければいけないのである。消費税はシンプルというのは税率だけの話で、実際は大変複雑で、難解な税なのである。

消費税は付加価値税

消費税は課税売上に税率を適用して、そこから課税仕入に際して負担した税額分を控除する。つまり、

課税売上×税率－課税仕入×税率＝納税額

となるが、これを簡単に書くと、

（課税売上－課税仕入）×税率＝納税額

ということになる。売上から仕入を控除した部分を通常その企業の付加価値というが、消費税はその企業の付加価値に税率をかけた分を納税するので、付加価値税ともいわれるのである。

この付加価値税はフランスが発明し、多くの国で採用されている税制だが、その理由は累積課税を排除する点で優れているからである。もし付加価値税方式でないと、次のような困

った問題が生じる。

例えば、製造、卸、二次卸、小売の各業者がそれぞれ一〇〇〇円儲ける四〇〇〇円の商品を消費者が購入すると仮定しよう。この場合、その五％（国税の消費税四％に地方消費税一％の合計。以下同じ）の二〇〇円を加算した四二〇〇円で購入できなければならないはずである。しかし、まず製造業者が卸業者に一〇〇〇円で売ると五〇円の税金がかかるから、卸業者は一〇五〇円で購入し、自己の儲けである一〇〇〇円を付加した二〇五〇円に、その五％の一〇二円を加算した二一五二円で二次卸業者に売ることになる。二次卸業者はさらに一〇〇〇円を付加して……というように、だんだん税額がふくらんでくるのである。「税に対する税」が次々にかかっていくからである。この方式は流通過程が複雑になればなるほど税が累積して高くなり、流通過程が複雑な業界は不利になる。

これに対して、付加価値税としての消費税は次のように計算する。まず製造業者が卸業者に一〇〇〇円で売ると五〇円の税金がかかるところは同じである。卸業者の方は一〇五〇円で購入するが、本体価格一〇〇〇円と消費税五〇円を分けて考え、自己の儲けである一〇〇〇円を本体価格に加えて次に二次卸業者に売却する。すると二〇〇〇円で売ることになるので五％の一〇〇円の消費税を負担しなければならないが、仕入に際してすでに五〇円を負担しているので、その分を控除した五〇円だけを納税する。したがって、二次卸業者は本体価格二〇〇〇円と消費税一〇〇円で購入でき、税の累積は生じないことになるのである。付加価値税が優れている点は、このように仕入税額控除を通じて税の累積を排除する点にあり、この仕入税額控除が付加価値税制のもっとも重要な柱なのである。

ヨーロッパではこの仕入税額控除をインボイス(仕送状)や請求書に税額が記載されていることを条件に控除している(インボイス方式)が、日本では消費税導入時の業者の反発を抑えることもあり、そうした特別のインボイスを必要とせず、納税者の帳簿の記載で控除を認める方式を採用してきている(帳簿方式)。そのため、ヨーロッパでは免税業者はインボイスを発行できないので業者間の取引から排除されることになるが、逆に日本では免税業者からの仕入も帳簿に記載されていれば仕入税額があったものとして控除できることになる。

増加する仕入税額控除否認

このように日本の仕入税額控除はインボイス方式と比べると甘くなっているのだが、調査手続などに異論を唱える業者に対しては、必要以上に厳しかった。例えば、調査手続に抗議し調査に応じないと、仕入税額控除を認めないのである。税務署の言い分は、消費税法では、仕入税額を控除するためには帳簿を「保存」していなければならないのであり、調査の時に提示しないのでは保存されているかどうか確認のしようがないので、保存していないのと同様だ、というのである。

しかし、「保存」と「不提示」とは明らかに意味が違う。確かに、調査段階で提示しなかったことは保存していないことを推認させるが、保存していなかったことと同一ではない。したがって、調査の時には提示しなくとも、その後訴訟等で帳簿が当時から保存されていたことを証明できれば、控除を認めるべきだといわねばならない。こう判断した裁判例もあるが(大阪地裁平成一〇年八月一〇日判決)、最高裁(平成一六年一二月一六日判決など)は適法な税務調査において社会通念上、相当な努力を職員が行ったにもかかわらず、納税者が帳簿を提示しない時はやはり不保存と同じになる、としている。

こうして、仕入税額控除が否認されると零細業者にとっては大変な負担となる。仮に一〇〇〇円に五〇円の消費税を加えて仕入れ、それに四〇円と消費税五二円を加えて売った場合を考えると、この業者に仕入税額控除が認められれば、五二円－五〇円＝二円の納付ですみ、四〇円の儲けが出るが、仕入税額控除が認められなければ合計五二円を税務署に納付しなければならないので、儲けがなくなるどころか、マイナスになってしまうのである。

しかも、奇妙なことに、このような業者についても所得税や法人税の計算では仕入があったものとして計算することを認めるのである。なぜなら、所得とは収入金額や益金から必要経費や損金を控除したものだから、仕入をなかったものとして収入金額や益金に課税するわけにはいかないからである。同じ業者が所得税では仕入があったこととされ、消費税では仕入がなかったものとされてしまうのである。仕入税額控除が、このように調査手続に異論を唱える業者に対する威嚇手段と化している現状は問題であり、立法論としては所得税や法人税と同様に、推計で合理的な仕入税額を控除することを認めるようにすべきであろう。

逆進性は変わらず

こうした問題に加えて、消費税は誕生の当初から致命的な欠陥を持っている。いわゆる逆進性の問題である。消費税の法律上の納税義務者は前述のように事業者であるが、事業者は自己が払う消費税分を商品の価格に転嫁して、実際には消費者が負担させられているのは明らかである。この消費者の消費税負担の割合は、高所得者より低所得者層の方が高い。これを負担の逆進性というが、消費税にこの欠陥がつきまとうことは、様々な調査研究で明らかにされている。

間接税というのは、結局は一般市民が負担することによって成立する税で、本質的に逆進性を有していることは、すでに一八六三年のラサールの『間接税と労働者階級』(大内力訳・岩波文庫)でも明らかにされている。彼は、このことを指摘したことによって、有産階級への憎悪と軽蔑を先導したとして告訴され、その法廷での弁明のためにこの本をまとめたのであるが、その内容は今でも参考になる点が多い。

彼は「一、間接税は個々人にその資本および所得に比例して課せられるものではなく、このような比例をたもっている直接税とは異なって、かえって比較的貧困な階級に過大の負担をかけるものであること。二、したがって諸間接税の総額は、そのひじょうに大きな部分についていえば、国民の比較的貧困な階級から調達されていること」(前掲書二八〜二九頁)などをこの本で実証的に論証している。

面白いのは、間接税はコーヒーや砂糖等の贅沢品に課されているので、富裕者が負担する税金であると検察官が主張したのに対して、ラサールはこう指摘している。すなわち、もし本当に富裕者しか負担しない税金なら、富裕者は国民のごく一部しかいないので、そこからの収入は微々たるもので、結局税制としては意味がなくなる。国家の税制として税収上意味を持つのは、国民の大多数の低所得層によって負担される場合である。

確かに、ごく少数の富裕層にだけ課税しても、国家の税収はそれほどの規模にならないかもしれない。現在の税制でいうと、相続税は富裕者層だけが対象になるが、この税収は消費税率五％の五分の一以下であるので、消費税一％にも満たないのである。

滞納の増加

不況になってから、消費税の納税に異変が生じている。バブル期には、益税もあり、抵抗なく支払っていたが、バブル崩壊後は消費税滞納が目立ちはじめた。とくに一九九八年に七〇〇〇億円を超える滞納が発生し、あわてて大蔵省（現・財務省）も「事業者が納付すべき消費税相当分の資金は消費者からの預り金的性格を有するものです」というキャンペーンを行い、滞納防止に乗り出した。そのせいか、その後は多少減少しはじめている。もっとも、この滞納率は他の所得税等と比較しても、また外国の滞納率と比較しても異常に高いわけでもない。しかし、消費者にとっては、自己の負担した税金が結局税金として国に納付されていないというのは、やはり納得できるものではないであろう。

滞納の増大については会計検査院も注目し、その原因に業者の資金繰りの悪化を指摘している（「平成一〇年度決算検査報告」九〇〜九一頁）。つまり、消費税分を自分の資金繰りに使ってしまっているのだという。そうだとすると、日本の消費税の納付制度が関係してくるのである。業者は消費税をいつ納めているのだろう。

消費税導入時に高額納税者は年二回とされ、その後年四回、さらに二〇〇四年からは年税額（地方消費税も含む）が六〇〇〇万円以上の業者は毎月、五〇〇〇万円以上が年四回、六〇〇万円超の業者は年二回と納付回数が増やされてきている。他方、それ以下の零細業者は年一回のままである。年一回の業者が一一カ月前に消費者から受け取った消費税相当分を、適切に区分して、税務署に納付するために取っておけると考えること自体が無理かもしれない。毎月納付を原則としているEU諸国と比較すると、日本の制度は滞納が発生しやすい。だからといって、零細業者も毎月納付とすべきか、悩ましいところである。

3　どうなるのか消費税

税率アップと非課税

消費税は今後も重要な増税策として、税率引き上げが絶えず検討されていくだろう。何しろ一％の税率で国・地方税収の三％分も占める打出の小槌だからである。おまけに現在の日本の税率は五％と諸外国に比して低い。まだまだ引き上げる余地がある、ということになる。二〇〇四年からの総額表示方式への切り替えによって、税率アップに対する抵抗も少し弱まっている。しかし、消費税率の引き上げは前述の逆進性を一層強める。逆進性への適切な配慮をせずに安易に引き上げるのは、税負担の不公平感を加速する。

では、逆進性を緩和する方法はあるのだろうか。

食料品や生活必需品を非課税にすれば緩和されるだろうか。消費税における非課税というのは、一種独特なものであり、他の税の場合の非課税とは少し意味が違う。仮に食料品を非課税にしたとしよう。そうすると、ある業者が食料品を売っても確かに消費税はかからない。しかし、食料品を作るにはいろいろなものを仕入れており、その中には食料品以外のものもある。それらを仕入れるときに負担した消費税は控除できない。なぜなら、売上が非課税になっているからである。そこで、業者はしかたなくその分を上乗せして売ることになるから、非課税でも消費税分が全くなくなるわけではないのである。

しかも、非課税商品が中間に入ってくるとかえって最終価格が上がってしまうという問題もある。例えば、レストランを想定してみよう。レストランは食料品そのものを販売するのではなく、外食サービスを提供する。そこで、その売上には課税される。また、レストランが仕入れた材料が課税されるものであれば、仕入に際して負担した消費税分を控除できる。ところが、食料品が非課税になると、レストランが材料として仕入れた食料品の五％分は控除できない。材料の食料品が課税されていたときよりも五％安くなってくれれば、結果として従来と同様の値段で販売できる。しかし、材料供給業者は食料品販売には消費税がかからないが、食料品に加工するために仕入れた食料品以外の部分については消費税を負担しているので、その分を価格に上乗せする。そのため、レストランもその分を価格に上乗せしないと、これまでと同じ利益を得られなくなる。そこで、仕入に非課税の食料品があるとかえって販売価格が高くなるのである。

これが消費税における非課税の矛盾なのであり、消費税については非課税の要望が少ない理由でもあるのである。医療はうっかり非課税を要求したために、仕入の消費税が控除できずに、そのために各種の病院経営が圧迫されているのである。

ゼロ税率・軽減税率

売上に消費税がかからずに、かつ、仕入に際して負担した消費税も戻す方法は、いわゆるゼロ税率である。非課税と異なり、この場合はゼロ％の納税義務を負うので、仕入に際して

下記以外の課税期間を選択できる．出典）財務省のホームページ．

ド イ ツ	イギリス	スウェーデン
1968 年	1973 年	1969 年
営業又は職業活動を独立して行う者及び輸入者	事業活動として財貨又はサービスの供給を行う者で登録を義務づけられている者及び輸入者	利益を得るために経済活動を独立して行う者及び輸入者
不動産取引，不動産賃貸，金融・保険，医療，教育，郵便等	土地の譲渡・賃貸，建物の譲渡・賃貸，金融・保険，医療，教育，郵便，福祉等	不動産取引，不動産賃貸，金融・保険，医療，教育等
19%	20%	25%
なし	食料品，水道水，新聞，雑誌，書籍，国内旅客輸送，医薬品，居住用建物の建築，障害者用機器等	医薬品(医療機関による処方)等
輸出及び輸出類似取引	輸出及び輸出類似取引	輸出及び輸出類似取引
食料品，水道水，新聞，雑誌，書籍，旅客輸送，宿泊施設の利用等 7%	家庭用燃料及び電力等 5%	食料品，宿泊施設の利用等 12% 新聞，書籍，雑誌，スポーツ観戦，映画，旅客輸送等 6%
なし	なし	なし
1年 原則として1カ月ごとに予定申告納付を行う	3カ月 ただし，選択又は課税庁の命令により課税期間を1カ月とすることができる	1カ月

表 3-3　主要国の付加価値税の概要(2011 年 1 月現在).

注) 課税売上高等が一定額以下の場合は,

		日　本	EC 指令	フランス
施　行		1989 年	1977 年	1968 年
納税義務者		資産の譲渡等を行う事業者及び輸入者	経済活動をいかなる場所であれ独立して行う者及び輸入者	有償により財貨の引渡又はサービスの提供を独立して行う者及び輸入者
非課税		土地の譲渡・賃貸,住宅の賃貸,金融・保険,医療,教育,福祉等	土地の譲渡(建築用地を除く)・賃貸,中古建物の譲渡,建物の賃貸,金融・保険,医療,教育,郵便,福祉等	不動産取引,不動産賃貸,金融・保険,医療,教育,郵便等
税率	標準税率	5%(地方消費税を含む)	15%以上	19.6%
	ゼロ税率	なし	ゼロ税率及び 5%未満の超軽減税率は,否定する考え方を採っている	なし
	輸出免税	輸出及び輸出類似取引	輸出及び輸出類似取引	輸出及び輸出類似取引
	軽減税率	なし	食料品,水道水,新聞,雑誌,書籍,医薬品,旅客輸送,宿泊施設の利用,外食サービス等 5%以上(2 段階まで設定可能)	食料品,書籍,旅客輸送肥料,宿泊施設の利用,外食サービス等 5.5% 新聞,雑誌,医薬品等 2.1%
	割増税率	なし	割増税率は否定する考え方を採っている	なし
課税期間		1 年(個人事業者:暦年　法人:事業年度)ただし,選択により 3 カ月又は 1 カ月とすることができる	1 カ月,2 カ月,四半期又は加盟国が任意により定める 1 年を超えない期間	1 カ月

負担した消費税も控除でき、売上にかかる消費税＝ゼロから仕入に際して負担した消費税を控除すると、マイナスになり、その分を還付してもらえるのである。

日本の消費税はこのゼロ税率を輸出取引にのみ認めている。輸出取引をする企業の多くは大企業なので、不公平との指摘もあるが、他方で輸出取引には製造した国の消費税を戻して、消費する国の消費税に服すようにしないと、消費税率の低い国の商品が相対的に有利になり、消費税率の高い国の商品は輸出しにくくなってしまうのである。その意味で、輸出取引にゼロ税率を適用すること自体は非難できないが、輸出取引だけに限定していることは問題であろう。食料品についてみると、多くの国が軽減税率を適用し、イギリスのようにゼロ税率を適用している国もあるからである。

しかし、ゼロ税率は仕入段階の消費税をすべて戻すので、税収の落ち込みが激しいとして、EUも採用しない方向を示しており、日本の税調(税制調査会)も同様である(表3-3)。

給付つき消費税額控除

これらのゼロ税率や軽減税率が仮に導入されたとしても、消費税の致命的欠陥である逆進性を解消することは難しい。

アメリカ財務省が一九八四年に示した報告書『公平・簡素および経済成長のための税制改革』によると、家庭調理食品をゼロ税率にした場合や、新住宅、衣料品、家庭用エネルギー、水道と衛生サービスへの支出もゼロ税率にした場合等の比較を行っている。そして、結論は「これらの支出をゼロ税率とすれば、一万ドル以下の経済所得の人々の租税負担をかなり軽減し、かつ付加価値税の逆進性を減少するが、これを排除するものではない」としている。さらに続けて「一般に、付加価値税から財貨・サービスのいろいろなカテゴリーを除外することによって、貧者に対するこの租税の絶対的負担を軽減し、逆進性を和らげる試みは、公平性の問題を完全に解決することはできず、ほとんど不可避的に差別、経済効率の損失、および税収入の不必要な損失を招くものである」(アメリカ財務省編・塩崎潤訳『公平・簡素および経済成長のための税制改革・第三巻』今日社、一九八六年、九五頁)とされている。この報告書等の分析に従うかぎり、消費税の枠内の措置では、逆進性を一定程度緩和することができても、根本的に解消することはできないことになる。納税者の強い不満をときほぐすには、そのような緩和措置では不十分ということにもなろう。

そこで、他の制度と組み合わせて逆進性を少しでも解消できるかどうか検討しなければならない。まず、もっとも単純明快なものは、社会給付の支給額を消費税分引き上げて補塡する方法である。これは課税最低限以下の層の消費税負担を回避する方法としては効果的である。しかし、社会給付を受けていない低所得者層の不満を解消するものではないので、逆進性の解消としては非常に限定的な機能しか有していない。

理論的にもっとも優れていると思われるのが、最低生活水準を維持するのに必要な消費について負担した消費税額分を所得税額から控除する方式である。前述のアメリカ財務省の報告書も、逆進性解消策としての様々な方法を比較検討した要約として、次のように述べている。

「負担の分配の点で付加価値税をより受け入れ易いものとする案であって、経済効率と歳入の点からも、予算の立場からも魅力的なのは、所得が貧困レベルより上がるにつれて段階撤去される、所得税に対して払い戻し可能な控除を定めることである。適切に立案された控除は、貧困レベルの所得に等しい消費について税負担を除去し、この租税の逆進性を減じる。それは移転支出をスライド制とすることと、いくつかの品目をゼロ税率とすることのいずれよりもはるかに安上がりである。」(前掲書一〇二頁)

消費税は無差別課税だから、消費した人の負担能力を配慮することはできない。そこで、消費税のこの矛盾を所得税と連携して解消するというのは大事なことかもしれない。その場合は生活保護基準額の五％を所得税額から控除できることとし、所得のない者は還付申告で戻せるようにし、かつ、所得が一定額以上の者に対しては控除額を徐々に減らしていく方法が一番合理的なように思われる。

民主党政権はこれを税制改革の柱の一つにしていた。「給付つき消費税額控除」を導入して、消費税の逆進性対策に正面から取り組もうとしたのである。本来であれば、税制改正の初年度にこれを導入し、消費税に対する配慮をすべきだった。しかし、まず子ども手当のことが問題となり、財政赤字の中で財源を捻出するために所得税の税収を減らすわけにはいかず、手がつけられないまま推移した。しかも、菅首相は消費税の引き上げを選挙前に打ち出し、逆進性対策として複数税率などを示唆し、民主党の租税政策を理解していないことを露わにしてしまった。

高齢化社会と消費税

消費税導入当時、消費税は高齢化社会のための税制ということが強調された。消費税を福祉のために使うので高齢化社会のための税制だと勘違いする人も多かった。しかし本当の意味は、所得税だけに頼っていると勤労世代しか所得がないために、世代間の負担の不公平が生じ、高齢化社会では勤労世代の割合も減少するので、高齢者にも一定の負担を求めるために消費税が必要である、ということであった。高齢化社会に対応して高齢者にも負担してもらうのが消費税だというのである。

しかし、高齢者は若者世代に比して、資産は相当多く所有し、所得も決して少なくない。若者世代と決定的に違うのは、若者世代には資産格差も所得格差もそれほどなく（皆ほどほどに貧しい）、これに対して高齢者世代では資産格差や所得格差が著しい点なのである。このように資産格差や所得格差が著しい世代が増えていく社会に、一律に負担を課する消費税がはたして本当に適切なのかは疑問が残る。

とはいえ、二〇〇四年から簡易課税・免税点の縮小等の改正が行われてEU諸国の消費税にだいぶ近づき、総額表示方式への切り替えによって消費者の負担意識も相当に変わってきた。東日本大震災の復興財源も真剣に検討しなければならない。その意味で税率引き上げ問題は避けることはできないかもしれない。しかし、その場合には、民主党が理念として掲げた「給付つき消費税額控除」をきちんと入れて、所得税等との調整の上で、逆進性緩和を実現しなければならないはずである。

正規雇用と付加価値税

消費税については、もう一つ注意しておかねばならないことがある。消費税は派遣労働を税制面から促進してしまうことである。

消費税は付加価値税だと説明したが、事業者の課税売上から課税仕入を控除した付加価値に実質的に課税される制度である。そうすると、課税仕入が多いと、消費税も減るので、課税仕入に何が含まれるかが重要になる。会社が従業員に支払う給料は課税仕入ではない。人件費は企業の付加価値の一つで、サラリーマンは事業者ではないからである。つまり、企業からすると、従業員に給料をいくら支払っても消費税は減らない。これは法人税の場合と大きく異なり、法人税の場合は、益金から損金を控除した所得に課税され、損金の中には当然従業員給与も含まれるのである。

企業としては、人手は必要だが、消費税が減らないのは困る。減らす方法はないかを当然考え、派遣労働を「活用」することになる。なぜなら、労働者の派遣を受ける会社とその会社に派遣されてくる労働者との間には原則として雇用関係がないので、派遣を受ける会社が支出する金銭は、労働者派遣法の適用のある労働者の派遣に係る対価（労働者派遣料）になり、給与ではなくなるからである。対価を支払った会社は仕入税額控除ができることとなる。したがって、消費税率を引き上げるときは、労働法制の方で適正な規制をしないと、派遣労働がさらに増える可能性があるのである。

第四章

相続税——自分の財産までなくなる?

1　制度疲労に陥っている税制

相続額が同じでも

日本の相続税は制度疲労を起こしている。まず、次の事例を考えてみよう。

> Aさんは遺産五億円のうち、他の相続人に遠慮して自分は三〇〇〇万円だけ相続した。
> Bさんは遺産一億五〇〇〇万円を五人で均等に相続し、三〇〇〇万円を相続した。
> Cさんは他の相続人に相続放棄してもらい、遺産三〇〇〇万円を一人で相続した。

この場合A、B、C三人の相続税負担はどうあるべきだろうか。一人ですべてを相続したCさんの相続税を重くすべきだという人は倫理派、相続額が同じなのだから相続税は皆同額でいいはずと思う人は合理派、一番遠慮したのはAさんだが、遺産額自体が大きいのでAさんが一番重く、次にBさんで、Cさんには相続税はかからない、と考える人は日本の相続税を知っている人、ということになる。

日本の相続税で一番の問題は、相続によって取得した額が同じでも遺産額の大きさによって税負担が異なる、という点にある。なぜ、こんなことになっているのだろう。話は一九五七年にさかのぼる。

遺産取得税方式から折衷方式へ

日本の相続税制度は、戦前は、「遺産税」方式を採用してきた。遺産税方式というのは、遺産に課税する制度で、遺産が大きければそれだけ相続税も増大し、相続人が実際にいくら相続したかには関係がない制度であった。戦後、日本の税制の基礎を築いたシャウプ勧告は、この遺産税方式を「遺産取得税」方式に切り替えたのである。取得税方式は遺産の額には関係なく、各相続人がどれだけ相続財産を取得したかに応じて相続税額を負担する制度である。この制度によれば、遺産額ではなく、実際に相続によって取得した金額が課税の対象になるので、同じ遺産額でも相続人の一人が単独相続すれば超過累進税率の影響で税負担は重くなり、相続人が仲良く均等に分ければ、各自の税額が低くなり、相続人の税負担合計額も軽くなるのである。子どもの相続分は平等とされた戦後の民法改正を、税法面からも支える制度だったといえる。

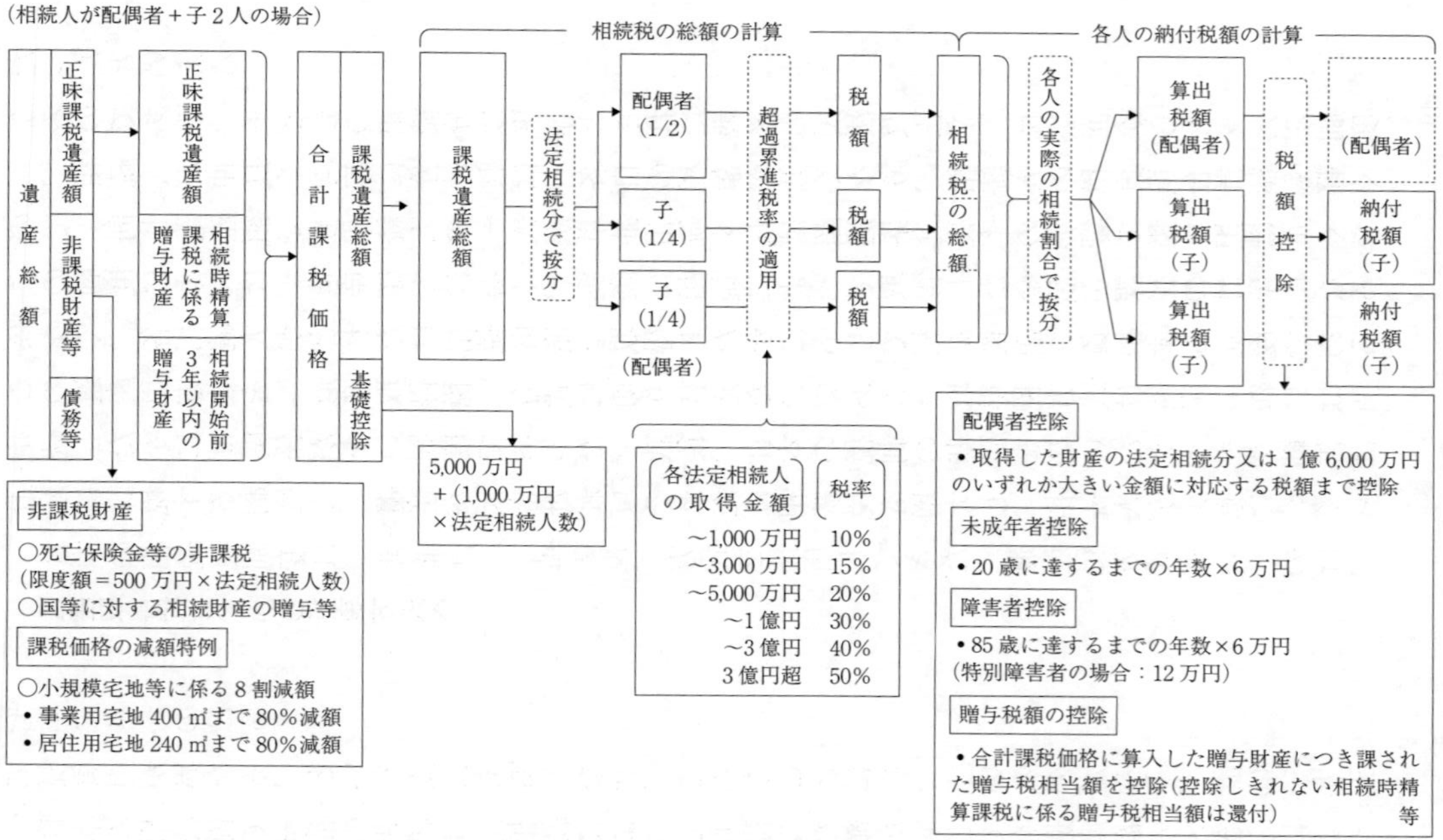

図 4-1　**相続税の基本的仕組み.** 出典) 財務省のホームページ.

しかし、現実の日本はまだこのような制度を受け入れられる状態ではなかった。とくに農家の相続では、農業経営を維持していくためには長男に単独相続させることが必要であったが、そうすると税負担が重くなる。税負担を逃れるために、平等に分割したように仮装することも横行した。税務行政もそうした分割の実態を適正に調査できる状態にはなかった。

そこで、一九五七年末に税制調査会が答申を出し、遺産取得税方式を基礎としつつも、農家に配慮して単独相続が不利にならないように遺産税的要素を加味した現行の課税方式を導入したのである。その結果、本来は相続によって取得した金額によって税負担が決まるはずのものが、相続額が同じでも全体の遺産額によって税額が異なる制度となり、複雑なものとなってしまった。

現行方式による相続税計算の流れをみておこう(図4-1)。まず、相続財産から非課税になるものを除き、相続税法上、相続財産とみなされる財産と相続開始前三年以内に行われた贈与財産を加算する。被相続人が負担している債務を控除して合計課税価格がわかったら、ここから基礎控除額を控除するのである。

死亡件数一〇〇件のうち、相続税がかかるのは？

課税対象となる遺産総額から基礎控除を控除するので、遺産税的な性格となっていることに気づいていただきたい。しかも、この基礎控除はこれまでは五〇〇〇万円＋法定相続人×一〇〇〇万円だったので、相続人が五人いる場合は一億円も控除できた。法定相続人が多くなればなるほど基礎控除額が増えるので、バブル期には死亡二日前に養子縁組一一件などという極端な回避行為が行われた（現在は養子の数の算入は規制されている。相続税法一五条）。いずれにせよ、相当高額な遺産でないと基礎控除を超えないことになる。その結果、死亡件数

態統計」，その他は「国税庁統
および(d)は，更正・決定分を

相続税額		
納付税額 (d)	被相続人 1人当たり 金額	負担率 (d)/(c)
億円	万円	%
7,153	1,809.3	14.3
7,769	1,806.2	14.3
9,261	1,925.0	14.8
10,443	2,014.2	15.4
14,343	2,430.7	17.4
15,629	4,285.5	16.2
23,930	5,744.9	20.3
29,527	6,114.8	20.9
39,651	7,011.2	22.2
34,099	6,262.5	18.1
27,768	5,251.5	16.6
21,058	4,644.9	14.5
21,730	4,283.5	14.2
19,376	3,997.0	13.8
19,339	3,978.8	13.9
16,826	3,397.4	12.7
16,876	3,326.5	12.7
15,213	3,139.0	12.3
14,771	3,210.2	12.6
12,863	2,899.0	12.1
11,263	2,534.6	10.9
10,651	2,449.1	10.8
11,567	2,561.8	11.3
12,234	2,708.1	11.8
12,666	2,705.3	11.9
12,517	2,606.8	11.6

表 4-1　相続税の課税状況の推移． 備考）(a)は，厚生労働省「人口動態統計年報書」による．(b)は，相続税の課税があった被相続人の数．(c)含む．(d)には納税猶予額を含まない．出典）財務省のホームページ．

区分／年分	死亡者数・課税件数等				課税価格	
	死亡者数 (a)	課税件数 (b)	課税割合 (b)/(a)	被相続人1人当たり法定相続人数	合計額 (c)	被相続人1人当たり金額
	人	件	%	人	億円	万円
1983	740,038	39,534	5.3	4.08	50,021	12,652.7
84	740,247	43,012	5.8	4.05	54,287	12,621.4
85	752,283	48,111	6.4	4.03	62,463	12,983.1
86	750,620	51,847	6.9	3.99	67,637	13,045.6
87	751,172	59,008	7.9	3.93	82,509	13,982.6
88	793,014	36,468	4.6	3.68	96,380	26,428.6
89	788,594	41,655	5.3	3.90	117,686	28,252.5
90	820,305	48,287	5.9	3.86	141,058	29,212.4
91	829,797	56,554	6.8	3.81	178,417	31,548.0
92	856,643	54,449	6.4	3.85	188,201	34,564.7
93	878,532	52,877	6.0	3.81	167,545	31,685.9
94	875,933	45,335	5.2	3.79	145,454	32,084.4
95	922,139	50,729	5.5	3.72	152,998	30,159.9
96	896,211	48,476	5.4	3.71	140,774	29,039.9
97	913,402	48,605	5.3	3.68	138,635	28,522.8
98	936,484	49,526	5.3	3.61	132,468	26,747.1
99	982,031	50,731	5.2	3.59	132,699	26,157.3
2000	961,653	48,463	5.0	3.55	123,409	25,464.7
01	970,331	46,012	4.7	3.52	117,035	25,435.7
02	982,379	44,370	4.5	3.46	106,397	23,979.4
03	1,014,951	44,438	4.4	3.40	103,582	23,309.4
04	1,028,602	43,488	4.2	3.35	98,618	22,677.0
05	1,083,796	45,152	4.2	3.33	101,953	22,579.9
06	1,084,450	45,177	4.2	3.26	104,056	23,032.9
07	1,108,334	46,820	4.2	3.20	106,557	22,758.9
08	1,142,407	48,016	4.2	3.17	107,482	22,384.7

に対する相続税課税の割合は表4-1のような状況である。

一九五〇年代から六〇年代は一%台だった。バブル期に相続税負担が大きな社会問題になったが、それでも五〜六%であった。もっとも、この数字には少し注意が必要である。死亡するのは何も資産を蓄積した年配層とは限らないし、財産の名義人になっていないことの多い女性も含まれるからである。したがって、年配の男性の死亡件数に限定していえば、この二、三倍になるであろう。また、この割合は日本全国平均であるので、地価の高い都市部の実態はもっと割合が高くなることにも留意しなければならない。とはいえ、基本的には一〇〇件中五件程度の富裕層にかかる税金が相続税なのである。

民主党政権はこの相続税の納税者をもう少し広げようと考えた。高齢化社会をお互いが支え合うという観点から、基礎控除を三〇〇〇万円+法定相続人×六〇〇万円に引き下げ、バブル経済期以前の状態に戻そうとしたが、二〇一一年には実現しなかった。

法定相続分でまず計算

さて、基礎控除額を引いても残額があるときは、これが課税遺産総額となる。ここからが、日本の相続税法の特色である「法定相続分課税方式」となる。まず、この課税遺産総額を各相続人が法定相続分どおり取得したと仮定する。その法定相続分どおり取得した各相続人の取得額に以下に示す税率が乗じられる。税率はもちろん超過累進税率である。

二〇〇二年までは八〇〇〇万円以下一〇%からはじまり二〇億円超七〇%という累進構造だったが、二〇〇三年改正で最高税率五〇%に引き下げられた。民主党政権の改革により二〇一二年から税率が引き上げられる予定だったが、自民党の反対で実現しなかったため、次のようになっている。

一〇〇〇万円以下の金額	一〇%
三〇〇〇万円以下の金額	一五%
五〇〇〇万円以下の金額	二〇%
一億円以下の金額	三〇%
三億円以下の金額	四〇%
三億円超の金額	五〇%

こうして計算された各相続人の相続税額を合計する。仮にこの合計額が一億円だったとす

ると、これを各相続人の実際の取得割合、例えば配偶者一〇分の五、長男一〇分の三、長女一〇分の二、というように分担する。

長男が単独で相続しても、長男一人が納税義務を負うだけで、相続税の総額一億円は変わらない。つまり、単独相続でも不利にならないように配慮されていることになる。現行制度が、前述のように、農家の単独相続を不利にしないために導入されたからである。こうして計算された各相続人の相続税額について、配偶者や一親等の血族以外の者が相続した場合には二割加算され(相続税法一八条)、配偶者や未成年者等が相続した場合には一定の税額控除がなされ、各人の具体的納付税額が決まることになる。

取得額が同じでも税負担増

このように、現在の課税方式は複雑であるし、いくつかの矛盾を発生させている。本章の冒頭で紹介したように、取得した額が同じでも、遺産総額が違うと税負担も異なってくる。実際には三〇〇〇万円しか取得していないのに、法定相続分で取得したと仮定して相続税総額が計算され、その総額から実際に相続した割合分を負担しなければならないため、Aさんのように遠慮して三〇〇〇万円しか相続しない場合でも、遺産総額が五億円で相続税総額が二億円だとすると、その五〇分の三は負担しなければならないのである。一方、三〇〇〇万円を一人で相続したＣさんは、基礎控除以下なので税負担はないことになる。

それだけではない。いったん分割したあとで新たに財産が発見された場合、例えばＡさんの例で五億円だったはずの遺産が実は一五億円もあり、新たに発見された遺産は他の相続人が分割し、Ａさんは従来同様三〇〇〇万円以上受け取らなかったとしよう。Ａさんの相続による取得額は変わらないのに、課税遺産総額が増え、相続税の総額も増えるので、払うべき税額は増えてしまうのである。Ａさんは取得財産自体が増えたわけでもないのに税負担だけ増え、しかも申告手続をやり直さねばならない。

この矛盾は、相続人同士が親しくないときに著しく、相続人以外で特定遺贈や死因贈与の受贈者となった者にはその不合理さはさらに著しくなる。しかも、遺産総額がわからないと、自分の取得額はわかっても相続税が計算できないので、相続人同士の仲が悪かったり、誰かが隠していたりした場合は大変である。とくに相続開始後認知判決をうけて相続人となったときなどは、他の相続人が遺産総額を教えてくれない場合もある。それでも、被認知者はできるだけ自分で調べて申告しなければ、加算税等が課されることもあるのである。

さらにいうと、あなたがまじめに相続税の申告をしたのに、他の相続人が遺産の一部を隠し、それが後から発見された場合はどうなるのだろう。隠していた他の相続人には重加算税が課され、遺産総額が増えたので、あなたの税額も増える。それだけではなく、当初の申告が過少申告だったとして加算税があなたにも課されることになる。遺産税的要素を加味したためにこのような矛盾が生じているが、問題はこれだけではない。

連帯納付

例えば、現行の相続税には連帯納付義務という制度がある。あなたがまじめに相続税を全額支払ったのに、他の相続人が相続税を払わずに破産してしまったり、全部使ってしまったらどうなるのだろう。この場合、課税庁はあなたに他の相続人分も負担させることができるのである。もちろん、あなたが相続によって取得した金額を限度としてはいるのだが、他の相続人の分まで負担させられるのはたまらない。この制度は相続人間の強い連帯感を前提とし、相続人同士で通謀して脱税を図ることを規制するために導入されているのだが、あまりにも課税に都合のいい制度である。これが、近年の地価下落と連動して、さらに不合理な事態を生み出している。

例えば、バブル期にあなたが兄とともに相続し、あなたは少ない財産しか相続しなかったので全納した。兄は多額の財産を相続し、すぐには払えないので延納を申請したところ、財産を担保に延納許可を受けることができたとしよう。ところが、その後のバブル崩壊で地価は下落、財産を処分して納税しようと思っていたが思うように処分できず、ついに一〇年後、兄は払えなくなった。税務署は急いで担保物を徴収したが、価値が下落していて、相続税額にははるかに足りない。そこであなたに相続で受けた利益を限度に連帯納付を迫るのである。あなたは一〇年前のバブル期に財産を二億円で取得し、相続税等を約一億円払っていたので、残りの約一億円を連帯納付しろと言われるのである。ところが、あなたが取得した当時二億円の資産もバブル崩壊で五〇〇〇万円の価値しかなくなっている。どうしたらいいのだろう。あなたは自分の固有財産を処分しなければ払えないのである。自分固有の財産まで税のために処分しなければならないとしたら、これは憲法二九条の所有権保障に反するのではないだろうか。都市部ではこのような問題が実際に生じているのである。贈与の場合も同じである。贈与してあげたのに、もらったものが納税しないまま、財産を失ってしまった場合などは、贈与者に連帯納付が課されるのである。あまりに不合理な問題が生じるので、民主党政権の税調はこの制度を二〇一二年から抜本的に見直す予定である。

右肩上がりの税制

相続税のこうした矛盾は、従来は右肩上がりの地価変動によってすべて吸収されてきたといってよい。相続税の評価額はあくまでも相続開始時点であり、通達で相続開始前の事情を若干考慮することはあるが、相続開始後の価格変動は一切考慮しない制度だからである。地価の右肩上がり期にはこれが効いて、納税者はいろいろな不満があっても、申告もしくは納付期に地価がより上昇していることでその不満を解消できていた。

もっとも、従来の制度でも株などでは悲劇も生じていた。例えば、相続時二五億円程度であった株式がその後のオイルショック等の不況により納付時にはほとんど無価値になってしまった事例があるが、この場合でも相続開始時での評価額で課税されてきた。しかし、地価下落が恒常化し、デフレ期になってからは、株以外にも深刻な価格下落が生じているが、相続税は相変わらず相続開始以後の価格変動を一切考慮しないのである。

確かに、相続開始後の変化を安易に考慮すると、租税回避手段として用いられるおそれがある。しかし、そのことをおそれるあまり、相続開始後一〇カ月目の申告時点では客観的に無価値になっているものを相続開始時の価格で評価し課税するのは、あまりにも酷ではないだろうか。立法論としては、申告時までの変化で、納税者が恣意的に操作したものでないといえる事情は考慮すべきであり、右肩下がりの地価変動にも耐えうる税制の仕組みに改めるべきではないだろうか。

通達で評価

相続税の場合、税率も重要だが、財産をいくらと評価するのかも非常に重要である。相続税法によれば、相続開始時の「時価」で評価されることになっている(二二条)。時価を具体的にはどうやって評価するのだろうか。残念なことに相続税法には具体的な評価方法は少ししか規定されておらず、大半は財産評価基本通達に委ねられている。通達というのは法律等とは異なり、課税庁内部の命令・指令にすぎないものである。納税者の税負担にもっとも影響を与える財産評価方法を法律が具体化せず、課税庁の通達に委ねているのはおかしい。一番大事なところを課税する側に握られていることになるからである。また、このことがいろいろな不合理も生み出してきた。

例えば、時価には幅があるので、通達では時価を超えないように安全な安い評価方法を定めることも多い。通常はその安い評価額を適用するが、納税者がその安い評価方法を意識的に利用すると、通達が適用されるかわからなくなる。例えば、土地の評価が実際の取引価格の六割ぐらいで評価されているなら、相続前に意識的に現金を不動産にした方が有利ということになる。そこで、相続直前に現金を土地に急いで替えると、それは意識的に通達を利用した租税回避行為だから、通達は適用せずに原則どおり取引価格で評価するというのである。これでは納税者はどう対策を立てていいかわからない。せっかく通達で評価方法を定めておきながら、都合が悪くなると使わないのでは恣意的と言わざるを得ない。しかし判例は、法律上時価で課税すると書いてあるのだから、通達を適用せずに課税しても時価の範囲内であれば適法であるとしている。

確かに通達は法令ではないので、通達がいくらと評価しようが、法律で定められている時価以下で課税されている場合には、違法とはいえない。しかし、納税者の信頼の保護も考えるならば、評価方法自体を通達ではなく法律で定めるべきであり、ドイツのように評価法を制定すべきであろう。

事業承継

議論が分かれるのは事業承継である。事業を受け継いでも相続税のために事業継続が困難になっては承継させる意味もないし、従業員の雇用問題なども生み出すので、事業を承継した場合には、その事業の収益から負担できる程度のものにすべきだろうか？　そう考えるならば、事業承継の特例を設けるべきだという意見になる。他方で、相続税は事業等の相続によって富を増した者に対する税であり、事業所有者になると、収益だけではなく事業財産の処分その他のあらゆる権限を承継するではないか、という考えもある。こう考えると、特例などは不要ということになる。

実際に自社株だけが遺産として残されたような場合を考えてみよう。まず、中小会社の株式評価は、会社の資産を中心に評価するから相対的に高くなる。相続税を払うためには株を売るしかないが、市場で売るのは難しい。商法改正により企業が自社株を買い取ることは容易になったので、相続人は会社に株を時価で買い取ってもらうことになるが、相続税を払える分だけ売るわけにはいかない。売った時価がその会社の資本金等の金額を超えていると、配当とみなされてその分に対応する所得税がかかるし、譲渡所得税まで課される場合もあるからである。事業自体は変わっていないのに、承継のための税負担で、経営者の活力がそがれてしまうかもしれない。

欧米諸国では、実業といえる事業については、事業を継続することを条件に大幅に評価を引き下げて、一定期間内に事業を廃止した場合には原則に戻して課税するという特例制度を取り入れている。二〇〇八年一〇月から、日本にも、株式の評価を八割減額して、納税を猶予する事業承継税制が導入されたが、租税回避に利用されるのを防ぐために要件が非常に厳格になっている。

2　相続税をどう考えるべきか

相続廃止は可能か

そもそも「相続」という制度がなぜ法的に承認されているのだろうか。また、そのことがいかなる影響を相続税制度に与えうるのだろうか。日本では憲法上、相続権という権利は明文では保障されていないので、相続制度を廃止することも憲法上可能なようにみえる。だが、相続権とは所有権の延長もしくは裏返しといえるものである。所有権はその物を最終的には処分できる権利である。財産を残した人は所有権者としての最終的な権利を行使しないまま亡くなったので、その人がもし生きていればその財産をどう処分したであろうということを合理的に推定して、財産を処分する(法定相続分)ということになる。

ドイツ基本法は一四条で所有権とともに相続権も保障しているが、ドイツでは一般に相続人が自己の財産を受け継がせる権利、つまり被相続人にとっての遺言の自由、処分の自由はこの特別規定がなくとも、所有権保障の構成要素として保障されていると解されている。日本国憲法も所有権を保障している以上、相続制度を否定するのは、理論的にも困難であるし、現実的にも無理である。

例えば、もし相続を廃止し、被相続人の財産はすべて国家に帰属するという制度を採用した場合、あなたはどうするだろうか。全部一人で使ってしまう、という人は少数で、家族等に承継したいと考え、相続を回避するために生前贈与を行うはずである。そこで、国家は生前贈与を回避行為として規制することになるが、そうなるとあなたはおそらく第三者の介在した売買の形式を通じて実質的な贈与を行うことになろう。これをも相続回避行為として規制すると、結局、所有権者の処分そのものに国家が強度に介入せざるを得なくなり、市場経済そのものの円滑化が阻害されることになる。

その意味からも、相続制度は必要といえよう。しかし、相続制度は親とはいえ他人の物を自分のものにすることのできる制度で、基本的に不労利得である。相続という法制度によって他人の物を自分のものにすることができ、経済的富が増加するのであるから、そのような機会のない人との均衡からも税負担を求めるのは不合理とはいえまい。では、どのような制度が望ましいのだろうか。

遺産取得税方式の徹底へ

相続税の現行方式は、前述のように、まず遺産総額を法定相続分で相続したと仮定して相続税の総額を求めて、その総額を各相続人が実際に取得した割合に応じて負担するという複雑なものであった。この日本独特の制度を「法定相続分課税方式に基づく遺産取得税方式」という。遺産取得税方式をベースにはしているのだが、遺産税的要素が大幅に取り入れられているのである。

遺産税方式というのは、前述のように遺産そのものを課税対象にする制度で、現在はイギリス、アメリカ、ニュージーランド、韓国ぐらいしか採用しておらず、他の国々は「取得税方式」である。現行方式を提言した前記一九五七年答申は、「遺産税方式」の根拠として、次の二点を指摘していた。

①「人の死亡及び相続という事実は、被相続人が生前において受けた社会及び経済上の各種の要請に基く税制上の特典その他租税の回避等により蓄積した財産を把握し課税する最もよい機会であり、この機会にいわば所得税あるいは財産税の後払いとして課税するには、遺

産額を課税標準とすることが当然の帰結となるとするものである。このように説明することを、米英の文献では"back tax theory"と呼んでいる」

②「被相続人の遺産に対してその額に応じ累進税率で課することにより富の集中を抑制するという社会政策的な意味を有するものである。このような考え方を押し進めたものとして個人が生存中富を蓄積できるのは、その人のすぐれた経済的な手腕に対して社会から財産の管理運用を信託されたことの結果とみることができるのであるが、その相続人は被相続人と同様にすぐれた経済的な手腕を有するとは限らないから、相続の開始により被相続人から相続人に対して財産が移転する際に被相続人の遺産の一部は、当然社会に返還されるべきであるとするものもある」

①の論拠は、相続税を負担するほど財産を残した被相続人は生前、租税回避、低負担等の恩恵を受けたはずなので、相続に際してそれらを清算する必要があるという説明であるが、租税国家における根拠としてはあまりにも乱暴な説明だろう。これでは、まじめに納税したうえで資産を残した被相続人はたまらない。

②の論拠は、要するに、被相続人の財産は社会が優秀な被相続人に一時預けた財産であり、相続人はそれほど優秀かどうかわからないので、リスク回避のために一部回収するのである、

ということになろう。所有権が憲法上保障されている法秩序の下では、全く合理性のない説明であろう。

これに対して、遺産取得税方式は、相続人が相続によって不労利得を得たという点に着目する課税方式であり、その根拠は明白である。しかも、相続人は自己の取得した額に応じて負担すればよいので、三〇〇〇万円取得した場合は、遺産総額がいくらであれ相続税額は同じになり、納得されやすくなる。基礎控除も相続人ごとに一定額が保障されることになる。こうすれば、三〇〇〇万円取得したあとに遺産が発見されたり、他の相続人が隠しているものが見つかっても、自分の取得額が変わらない限り、税額も変わらないのである。

その意味で、遺産取得税の方が合理的だが、民主党政府は相続税の課税方式を、逆に遺産税方式に思いきって変える方向を打ち出した。つまり、被相続人が残した遺産そのものに着目して、相続人の取得額等には関係なく、遺産から一定の控除額を引いた差額に低率の相続税額を課し、広く相続税を拠出してもらい、高齢者の年金財源等にあてようと考えたのである。

確かに、この方式だと遺産から相続税などを控除した差額を相続人が取得すればいいことになり、わかりやすくなるかもしれない。ただ、相続税の課税方式は民法の相続方式とも連動していることに注意する必要がある。というのは、日本の相続法と遺産税方式を採用している国の相続法には、大きな違いがあるからである。イギリスやアメリカは、相続開始があっても遺産はすぐに相続人の共有にはならない。いったん遺産を清算して、残余財産を相続人が取得するというシステムである。そのため、相続開始時に租税債務も遺産税として清算しやすい。しかし、日本の相続法は相続開始と同時に遺産が相続人の共有になり、債務も相続人に承継される。こうした相続法の下で、遺産税課税が矛盾なく実施できるか、なお慎重に検討した方がよい。相続によって取得した財産は、相続という制度のおかげで取得できる不労利得であり、そのような相続制度を維持してくれている社会に取得者から一部還元すべきだ、と考えた方が合理的ではないだろうか。

相続はますます「争続」税とか「争族」税という性格を強めてきている。農家についても農地の評価制度の特例等の措置がその後導入されており、今日では遺産税的な要素を入れて単独相続を保護する必要はない。相続人に牧歌的な連帯関係を求めている現行課税方式そのものを遺産取得税方式に改め、それを徹底することが重要ではないだろうか。

相続三代続くと

相続税については、以上のような改革よりも、もう廃止すべきだという議論も絶えることがない。アメリカやイタリア等の保守政権が次々と相続税を廃止し始めたので（アメリカはオバマ政権になって復活）、日本でも廃止すべきだという意見は少なくない。こうした廃止論とともに、日本の相続税が高く、三代相続が続くと相続税のために財産がなくなる、という指摘がよくなされてきた。二〇〇三年からは最高税率が五〇％になったので、従来の七〇％と比べると相当緩和されたが、それでも五〇％で三代課税されたら、ほとんど財産はなくなってしまいそうである。

しかし、これらの主張にはかなりの無理がある。例えば、あなたの両親が相次いで亡くなり、五〇億円の遺産が相続税のために二〇億円になってしまったとしよう。あなたはこの二〇億円をどうするだろう。次の相続開始まで二〇年から三〇年あるのである。何も働かず遊んで暮らすなら、財産は減り続け、確かに次の相続でまた相続税のために減ってしまうであろう。しかし、あなたが通常の能力があって、この資金を運用したり、事業等を行えばどうなるだろう。金利の運用だけでも国際的に視野を広げて運用すれば三〇年後には相当な金額になっているはずである。「三代相続が続けば……」という批判は何も努力をしない相続人たちの場合であり、このような相続人のために相続税を下げろと言うのは筋違いのように思われる。

相続制度により高額な遺産が自分のものとなり、税金がかかっても半分は残るので、あとは自分の力量で増やせばよいのではないか。そうした遺産を取得する機会のない者からすれば、きわめて恵まれた環境であることは間違いない。そういう意味で、相続税廃止は税制全体の公平化・応能化（負担能力に応じて負担すること）を一層弱めてしまうことになるだろう。

3　贈与税の仕組みと問題点

贈与税は補完税

相続税といえば贈与税問題がつきものである。両者は一体的であり、贈与税は相続税の補完税としての性格を持っている。このことから贈与税の様々な特色が説明できるのである。

まず、贈与税の税率（相続税法二一条の七）が相続税に比して著しく高率であるが、それは、もし贈与税の税率が相続税に比して同程度か低ければ、資産家は資産を分散して生前贈与し、相続税が容易に回避されてしまうからである。

また、贈与税は受贈者が納税義務者である。これも相続税制度と関係がある。というのは、相続税が遺産取得税体系、つまり、相続により財産を取得した者を納税者としているので、贈与時も贈与により財産を取得した者を納税義務者にしているからである。したがって、相続税の体系が遺産税体系であるとき、つまり、被相続人の残す遺産に課税する方式の場合は、贈与税も当該財産を贈与する者に課税されることになる。このように両者は補完関係にあるのである。なお、前述のように、受贈者が贈与税を払わなかったときは贈与者に連帯納付義務があるので、注意が必要である。

相続時精算課税の導入

贈与税の基礎控除は一九七五年以来、六〇万円であったが、ようやく二〇〇一年に一一〇万円となり、二〇〇三年からは「相続時精算課税制度」も創設された。従来は相続税回避を規制するためにできるだけ生前贈与をさせないように仕組まれていたが、精算課税の導入でむしろ生前贈与を促進する方向に贈与税制が切り替えられたような感がある。

この制度は、贈与者が六五歳以上の親で、受贈者は二〇歳以上の子及び孫である推定相続人(代襲相続人を含む)の間の贈与に適用される。この制度を選択すると、受贈者は、本制度に係る贈与者（親）からの贈与財産について贈与時に申告を行い、他の贈与財産と区分して、その贈与者からの贈与財産の価額の合計額から、二五〇〇万円（非課税枠）を控除したあとの金額に、一律二〇％の税率を乗じて贈与税額を算出する、というものである。二五〇〇万円までは贈与税が課されないし、これを超えても二〇％の負担でよいことになる。最初の年に五〇〇〇万円贈与しても贈与税はかからず、二年目に三〇〇〇万円贈与すると、合計贈与額三五〇〇万円から二五〇〇万円を控除した一〇〇〇万円の二〇％だけ贈与税を納めることになる。ただし、親の相続開始があったときに相続税で精算され、贈与時の価格で相続財産に含まれる。だから、贈与時より相続時に高くなることが確実なものを贈与するのはいいが、逆に相続時に値下がりしているものに適用すると不利になる。また、贈与を受けた人は相続時に清算するのであるから、贈与されたものを全部使って失っていると、他の相続人に迷惑をかけることになる。

なお、「住宅取得資金等に係る相続時精算課税制度」もあわせて導入され、自己の居住の用に供する一定の家屋を取得・増改築するための資金の贈与を受ける場合には、六五歳未満の親からでも適用できることとし、しかも非課税枠を三五〇〇万円に拡大している。不況なので、資産のある親に早く子どものために家の資金を出させていこうということであろう。

精算制度を選択する場合には贈与税の基礎控除額は大幅に増えるが、それ以外の場合は従来どおり一一〇万円の控除額しかない。贈与税の税率は大幅に緩和され、一五〇万円以下一〇%から一億円超七〇%の累進税率が次のようになっている。

二〇〇万円以下の金額	一〇%
三〇〇万円以下の金額	一五%
四〇〇万円以下の金額	二〇%
六〇〇万円以下の金額	三〇%
一〇〇〇万円以下の金額	四〇%
一〇〇〇万円超の金額	五〇%

いつ取得したか

贈与税は「贈与により財産を取得」すると納税義務が成立する。いつ取得したといえるのかが、しばしば問題となる。贈与は家族間で行われることが多い。贈与も契約だから、親があげる、子がもらうという意思表示をすればそれで契約は成立する。そこで、親が子どもに不動産を贈与し、一〇年経ってから登記したらどうなるのだろう。その時はじめて課税庁は不動産が贈与されたことを知るだろうが、贈与されていたのは一〇年前だとすると、すでに除斥期間が過ぎているために、もはや課税できないことになる（課税処分の除斥期間は通常は五年、無申告者には五年、ただし、贈与税の場合は二〇〇三年の改正で六年となっている。仮装等を行った者に対しては七年）。

このことを利用して、書面で贈与契約を締結し、登記はそれから一〇年後に行うような行為が一時横行した。課税庁はこれを規制するために登記後課税し、裁判所もこれを肯定した。書面で贈与しておきながら合理的な理由がないのに登記しないのは、その時点では贈与の意思がなかったと認定し、この書面による贈与契約を無効としたのである。租税回避的な行為を規制するために、相当強引な認定をしたように思われる。立法論としては不動産等については登記を納税義務成立の基準にすることも考えられるが、現金の場合は贈与時期の客観的基準を定めるのは難しい。

法人への贈与は注意

なお、贈与税は相続税の補完税だから、個人から個人への贈与の場合にかかる税金であることに注意してほしい。個人が法人へ贈与・遺贈をすると、思わぬことがおきる。贈与してもらった法人は、ただでもらったのだから受贈益に法人税がかかる。ここまではいいが、贈与した物が不動産や株だと、贈与した人に譲渡所得税がかかることがあるのである。法人は受け入れた資産を時価で記帳するので、贈与した方も時価で譲渡したことにしないと、贈与した人が所有していた期間に生じた含み益の清算ができないからである。そこで、法人への贈与は時価で譲渡したものとみなされるので、昔安い価格で買ったものを法人に贈与すると、その機会に譲渡益があったとして課税されてしまうのである。この制度では誰も公益法人に贈与しなくなるので、特別措置で公益法人等への贈与を非課税としている。しかし、その手続が厳格なので、受け取った公益法人等がうっかり手続を怠ったために、善意の寄附者に課税、ということが時々おきている。

相続・贈与税は人の移動が容易になった今日、さらに大きな課題に直面し始めている。国境を利用した租税回避との攻防戦である。この問題は第七章で詳しく検討しよう。

第五章

間接税等——税が高いから物価も高い？

1　税が酒を造る

発泡酒騒動

酒税制度もやはり制度疲労をおこしている。抜本的な解決を図らねばならないのに、相変わらず場当たり的対策に終始している。近年の発泡酒騒動はその象徴である。サラリーマン川柳の二〇〇二年度入選作に「本物のビール買ったら妻激怒」というのがあるが、怒りたいのは、まじめに良質なビールを造ってきたメーカーや安い発泡酒を飲まざるを得ないサラリーマンであろう。なぜ、こんなことになってしまったのだろう。

現在のビール類似の発泡酒が売り出されたのは一九九四年頃からである。巧みなテレビコマーシャルと安い値段で、大蔵省(現・財務省)の予想を超えて爆発的に売れ出したのである。売れた最大の要因はもちろん値段の安さであるが、味がビールと大差なかったことも重要であろう。なぜ、発泡酒とビールは味が大差ないのだろう。また、どうして値段が安くなるのだろう。この仕組みをまず理解していただきたい。

分類差等課税

酒税の課税方法には、お酒のアルコール度数に応じて一キロリットル当たりいくらという方法で課税するアルコール度数課税制度がある。この方式だと、お酒の種類には関係なく、そのアルコール度数に応じて税負担が変わってくるが、日本の酒税制度はこの方式ではなく、分類差等課税制度を採用している。この制度は、お酒を清酒などの一〇種類に分類し、各種類ごとに基本税率を別々にするものである。したがって、同じアルコール度数であっても、どの酒に区分されるかによって相当に税負担が変わってくるのである。

これは、いわゆる逆進性対策として採用された。つまり、間接税というのは、第三章「消費税」で紹介したように、どうしても低所得者の税負担が重くなりがちである。それを少しでも薄めるために、一律に課税するのではなく、高級酒には高い税負担を、大衆酒には低い税負担を課することによって調整しようとしてきたのである。さらに、一九八八年まではウイスキーと清酒には級別課税も行われ、「特級酒」「一級酒」「二級酒」の区別があった。そのおかげで、大衆酒である焼酎は低い税負担で安く購入でき、高級酒とされていた特級ウイスキーは高い税負担を負わされてきたのである。しかし、このような仕組みに対してイギリスなどから、本場のウイスキーを差別する制度だという批判がなされ、消費税導入時に級別

表 5-1　主な酒類の酒税等負担率(2009 年 12 月現在).
出典) 平成 23 年 12 月 14 日税調提出資料.

区　分		税率(1 L 当たり)
発泡性酒類	ビール・発泡酒(麦芽比率 50%以上)	220 円
	発泡酒(麦芽比率 25%～50%未満)	178 円
	発泡酒(麦芽比率 25%未満)	134 円
	その他の発泡性酒類〔ビール風酒類等〕	80 円
醸造酒類	清酒	120 円
	果実酒	80 円
	その他の醸造酒	140 円
蒸留酒類	連続式蒸留焼酎・単式蒸留焼酎・ウイスキー・ブランデー・スピリッツ　等	アルコール分 1 度当たり 10 円
混成酒類	リキュール・甘味果実酒	アルコール分 1 度当たり 10 円
	雑酒(みりん類似を除く)	アルコール分 1 度当たり 11 円
	合成清酒	100 円
	粉末酒	390 円
	みりん・雑酒(みりん類似)	20 円

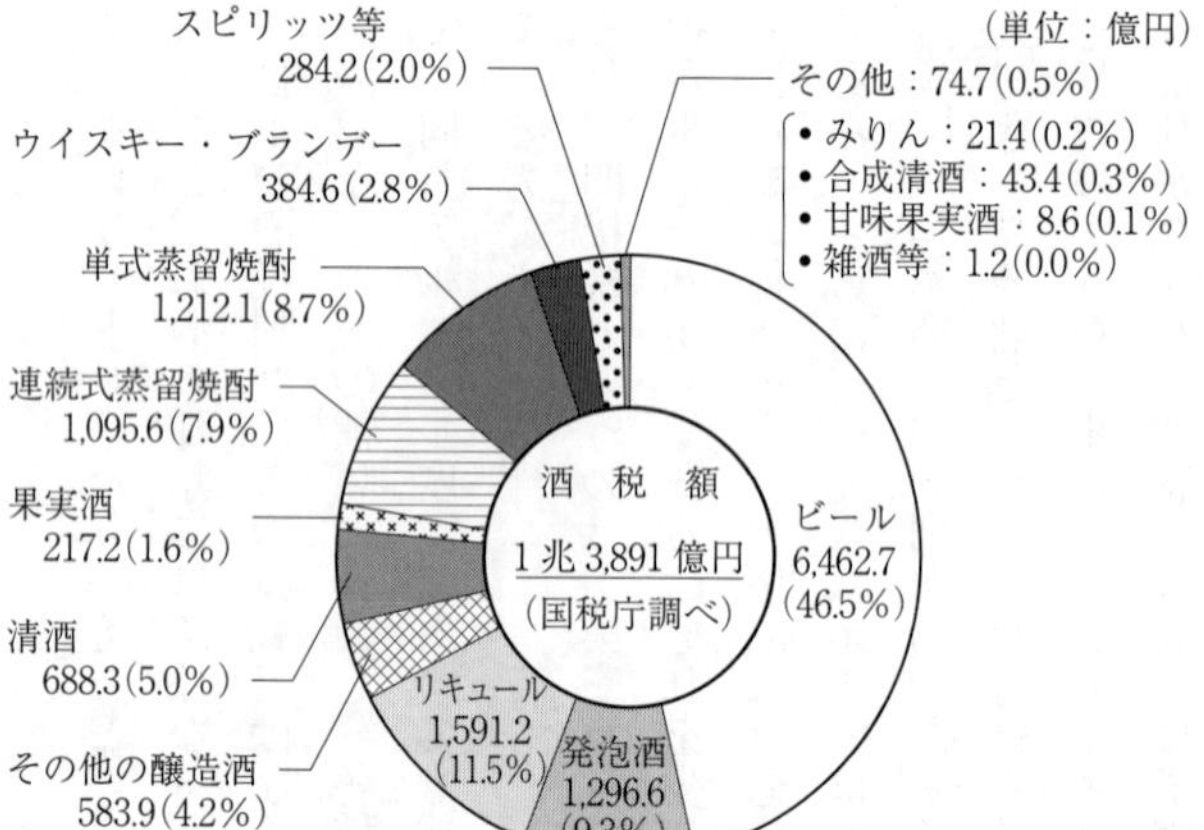

課税やウイスキーの税率等に対する見直しがなされたのである。

その結果、二〇〇九年時点の主な酒の税負担率は表5-1のようになっている。

ビールは高級酒？

これをみると、もはやウイスキーの税負担率はそれほど重いものではなくなっている。逆に、焼酎の税負担率が相当引き上げられていることになる。奇妙なのは、ビールの税負担率が一番高いことである。国際比較するとその高さは一層際立つ（図5-1）。

酒税の基本的思想からすると、高級酒は税負担が高く、大衆酒は税負担が低くなければならないはずなのに、なぜビールの税率は高いのだろう。まさかビールが高級酒であると思う人はいないであろう。しかし税の世界では、ビールは紛れもなく高級酒であり、税率が高いのは

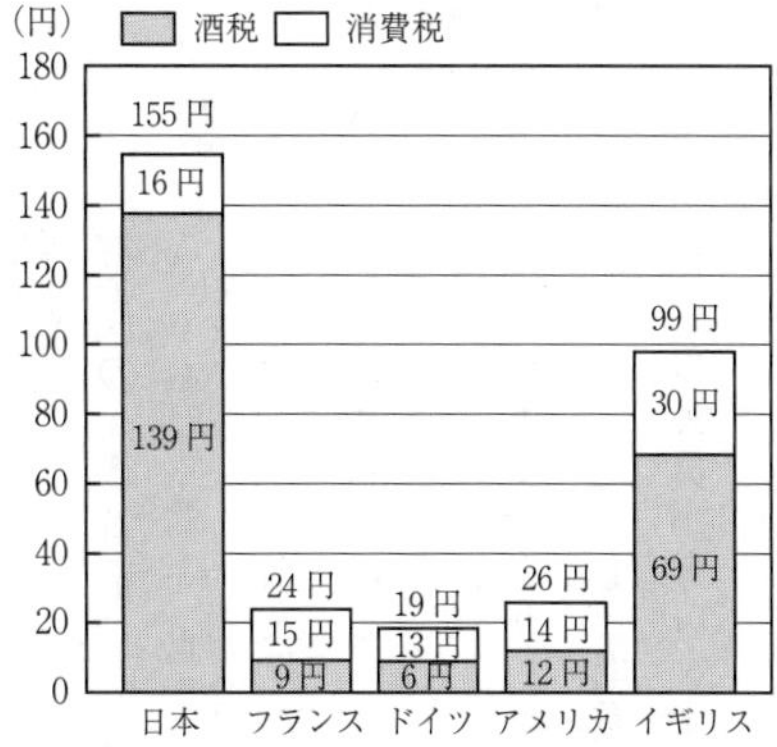

図 5-1　主要国のビールの税金（633mL での比較）．出典）ビール酒造組合・発泡酒の税制を考える会「日本のビール・発泡酒と税」(2010年)．

「舶来の高級酒」として高税率を課してきた過去の名残である。

一九五〇年代の大蔵省(現・財務省)関係者の解説(例えば、三好寛『酒の税率』醸界タイムス社、一九五六年、七〇頁以下)によれば、ビールはその大半が家庭以外の料理店等で消費されており、そうした料理店等に出入りできる層は社会的に裕福な層であることが高税率の根拠とされてきた。これは明らかにビール=高級酒を前提にした議論であった。しかし、ビールは冷蔵庫の普及に伴い各家庭で広く愛飲されるようになり、今日では紛れもなく大衆酒になっているのである。ビールのこうした状況の変化を考えれば、ビールの税率を欧米並みに引き下げるのが筋である。しかし、財務省はこれを拒み、高い税率を維持してきた。消費者も内税化しているビール税負担を自覚することのないまま、高いビールを黙々と飲んできたのである。

財務省が筋を通さない最大の理由は税収であった。ビールは大衆酒として消費量が平成になってからも増え、酒税収入の八割を占めるようになった。おまけに納税義務者である企業は大企業なので確実に徴収できる。内税なので消費者も抵抗しない。そのために不合理な高税率を維持できてきたのである。

発泡酒とビールの差異

こうした不合理な高税率に対抗するために生み出されたのが発泡酒であった。消費者に安く売るためには、酒税法上は「ビール」として課税されないビールを造ればいいではないか、というわけである。

「ビールとして課税されないビール」とは一体どういうものだろう。日本の酒造りを規制した法律は酒税法しかなく、この酒税法は税金を取るために酒の種類を区分しているだけなので、酒の分類には相当問題が多い。ビールの定義も「麦芽、ホップ及び水を原料として発酵させたもの」という本来のビールに、「麦芽、ホップ、水及び麦その他の政令で定める物品を原料として発酵させたもの」も加えている。副原料を入れてもいいわけであるが、「その原料中当該政令で定める物品の重量の合計が麦芽の重量の一〇〇分の五〇を超えないものに限る」（酒税法三条一二号イ、ロ）とされているのである。つまり、副原料を使ってもいいが、麦芽の量の半分（麦芽比率三分の二）までだ、というのである。それでは、麦芽の量の半分より少し多く副原料を使ったらどうなるのだろうか。その場合は、酒税法上はビールではなく「雑酒」に分類された（現行法では「発泡酒」に分類されている）。そうすると、高いビールの税率は適用されず、雑酒の税率になり、しかも味もそう変わらない。その結果、税負担の差がそのまま小売価格の差に反映した商品を販売できる、ということになったのである。

悪税が租税回避酒をつくる

このような発泡酒が販売されるや、予想以上の売れ行きが示された。あわてたのは、ビール業界と大蔵省(現・財務省)である。ビールの税収減を心配した大蔵省はすぐに対策に乗り出した。本来なら、ここでビールの税率を引き下げて、ビールを真に大衆酒として認めるべきであった。ところが、税収確保を優先させる大蔵省は、一九九六年改正でなんと全く逆方向の「改正」をした。つまり、ビール類似の発泡酒のうち、麦芽の半分を超え、麦芽の量まで副原料(麦芽比率五〇%)を使った発泡酒の税率をビールと同じにしたのである。これで、ビールと同程度の副原料しか使っていない発泡酒は姿を消すことになる。

これでビールの復活かと思いきや、今度は副原料を麦芽の量より多くした発泡酒が登場する。本来のビールからより離れた酒類であるが、この酒も売れた。毎年発泡酒の売上が伸び、ビールの酒税収入比率も六割程度まで落ち込みはじめた。そのため、二〇〇三年からは麦芽比率二五%以上五〇%未満の発泡酒の税率も、ビールほどの税率ではないが、引き上げられた。さらに、発泡酒には麦芽比率二五%未満のものも多いという理由で、図5-2のように、

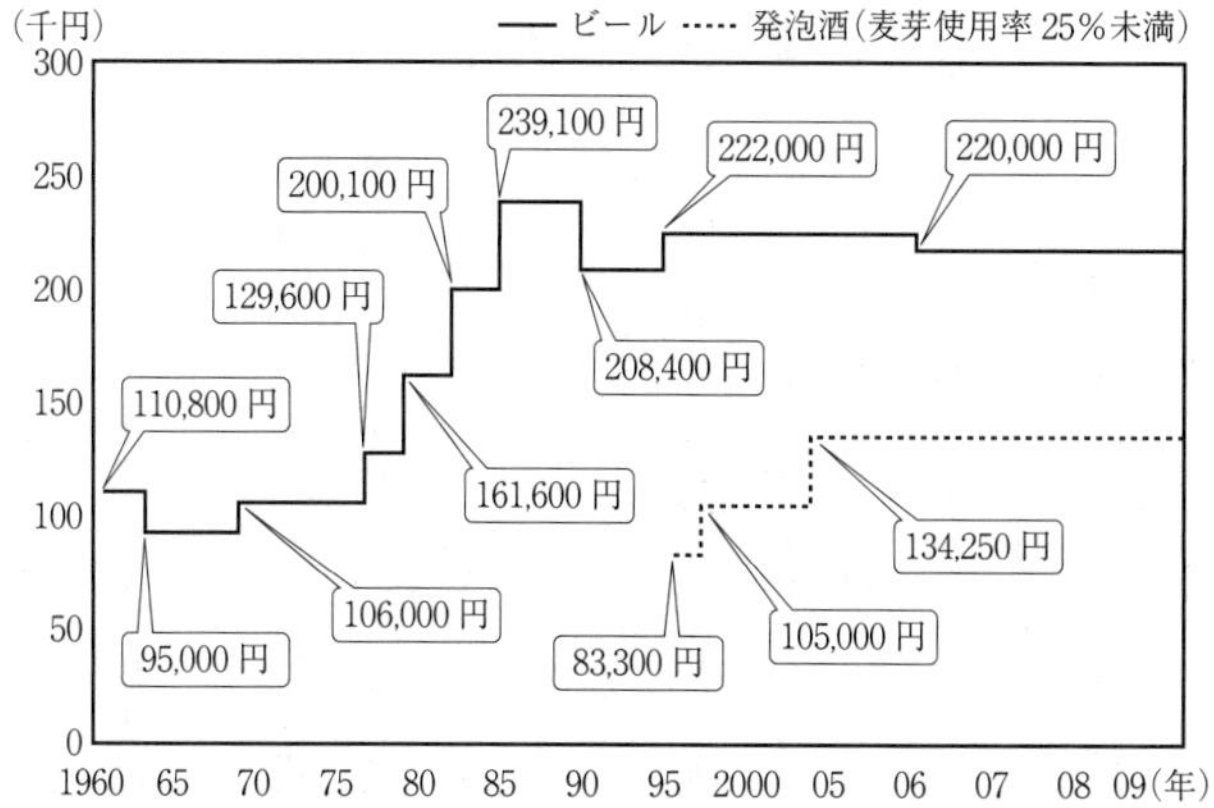

図5-2　酒税の税率の推移．出典）ビール酒造組合・発泡酒の税制を考える会「日本のビール・発泡酒と税」(2010年)．

麦芽が全体の四分の一も含まれていない発泡酒の税率もついでに引き上げられることになった。愚かな改正を繰り返し、高いビールの税率を維持するために、類似品の税率まで引き上げているのである。

酒税制度をどう変えるべきか

このように酒と酒税は密接に関係している。課税逃れが時には酒を良くすることもある。ウイスキーがその例かもしれない。ウイスキーは蒸留したときは無色・透明であるのに、木樽に詰めて熟成させることによりあの気品ある琥珀色になるが、その方法は、課税を逃れるためにシェリー酒の空き樽に詰めて山奥の穴に隠しておいたことから発見されたといわれている。

いずれにせよ、酒の種類に応じて課税するという現行制度は、大衆酒であるビールに高い税負担を求めていることで、現実にはもう崩壊している。このような酒税をどうすべきなのだろうか。

日本の税制にはすでに消費税が導入されている以上、酒の消費に特別な負担を課す必要がないと考えれば、廃止もありえよう。しかし、消費税を採用している国の大部分は消費税とは別個に酒類に課税しているし、日本の税収上一定の比重があるので、廃止はそう簡単ではない。

理論的に一番簡単で合理的なのは、酒の小売価格に一定税率を課する方法である。ただ、現行の酒税の場合は納税義務者が酒造者であり、小売店ではない。小売価格に税率をかける方法だと小売店も納税義務者にする必要が出てくるが、徴収費用等の増加を避けられない。そこで、酒造メーカーが酒を移出した時点で、想定される小売価格や移出価格を基準に課税する方法などが提案されてきた。これらは、酒税の消費課税としての側面を重視する合理化案であり、しかも消費税導入以前の改革提案でもある。

こうした消費課税の側面を重視した改革とは異なり、アルコール飲料という酒の奢侈《しゃし》性に注目した改革も考えられる。これは、アルコール度数課税を徹底するという方向である。これが実現すると現行のような分類差等課税が廃止され、すべての酒類が一律にアルコール度数で課税され、高アルコールの蒸留酒には高負担、低アルコールの醸造酒に低負担が実現することになる。ビールには好ましいが、焼酎には打撃となる改革案である。「平成二二年度税制改正大綱」で民主党政府が示した改革案はこの方向性であった。「グッド減税、バッド課税」の思想、つまり、健康に良いものには軽い税、健康に悪いものには重い税を課すのである。アルコールの場合は、その度数に応じて、高い度数のお酒には高税率が課されることになる。

逆従質税

酒税制度の今後のあり方としては、酒税と消費税の性格の違いをはっきりさせる意味でも、アルコール度数課税制度がもっとも好ましい方法のように思われる。しかし、日本には酒造法がなく、酒の原料等を規制しているのは酒税法である。この酒税法がアルコール度数だけを問題にすると、低コストの原料を使った酒が一層はびこり、日本の酒文化に悪い影響を与えるかもしれない。

そこで、コストの高い良質な原料を用いた酒類には軽減税率を適用し、低コスト原料で造った酒と小売価格で差を付けないようにしてはどうだろうか。質の高い商品の税率を逆に低くするので「逆従質税」と呼んでおくが、この発想は消費課税において必ずしも異常な方法ではない。かつて物品税法において果汁一〇%以上のジュースが非課税にされていたのもそうであるし、イギリスではウイスキーの熟成年数の長いものの税率を短いものより低くしたこともある。

免許は必要か

日本の税務署は酒屋のあるところを中心に設置されたといわれるほど、酒と税務署の関係は深い。酒は造るにも販売するにも免許が必要である。一八九九年(明治三二年)に酒税引き上げのために自家醸造を禁止して以来、どぶろく造りも自ビール造りも今なお禁止されている。梅酒や果実酒は一九六二年に原則として解禁されたが、今なおブドウやヤマブドウの混和は認められていない(酒税法施行規則一三条三項)。また、あくまで自分が飲むためのものであるから、宿泊客に飲ませてもならない。北海道ニセコ町のペンション経営者が自分で造った梅酒を有料で提供していたことが酒税法違反として摘発されたことが大きく報道され、これが契機となり、二〇〇八年からは一定の要件の下で旅館や料理店等でも提供することが可能になった。しかし、こうした制度が今なお酒税確保を名目として存在していること自体が不合理である。営業用酒の製造免許自体には致酔飲料の規制の観点から一定の合理性はあるが、自己のための酒造りやビール造りを規制することに今日どれだけ意味があるのだろうか。

酒についてはもう一つ免許がある。販売免許である。これは国家総動員法が制定された一九三八年に導入された制度で、当時の統制経済を前提にした制度でもあった。この制度も廃止の方向が二〇年以上も指摘されながら、徐々に規制緩和するだけで、なかなか進まない。二〇〇三年九月の規制緩和でも不合理な免許基準の一つが廃止されたものの、免許制度自体はなお存置されてしまった。同時に、店舗ごとに販売管理者を選任するなどの改正がなされている。今後いつまで免許制度が維持されていくのかは不明だが、酒税確保を理由とした規制の合理性がなくなってきたことだけは確かである。

2　たばこ増税の攻防

たばこにかかる五種類の税

たばこには五種類の税が課されている。もちろん、これらの税は間接税なので、喫煙者が納税義務を負うのではなく、たばこ製造業者(国たばこ税)や、(小売販売業者に売り渡した)卸売業者・製造者等(道府県・市町村たばこ税)が納税義務者である。とはいえ、これらの業者が負担するたばこ税は価格の中にしっかりと転嫁されている。JTの資料をみると次のとおりである(図5-3)。

五種類のたばこ関係税のうち、消費税はすでに述べたが、国のたばこ税は、一九八五年に日本専売公社が民営化されて日本たばこ産業(JT)になった時に、専売納付金に替わって創設されたものである。地方のたばこ税は、小売販売業者の営業所所在地の自治体が、そこに売り渡した卸売業者等に課税するものである。自分の町でたばこを買えば、自分の町の税収が増えるのはこのことから来ている。

たばこ特別税は、一九九八年一〇月一日から国鉄長期債務及び国有林野事業の累積債務の

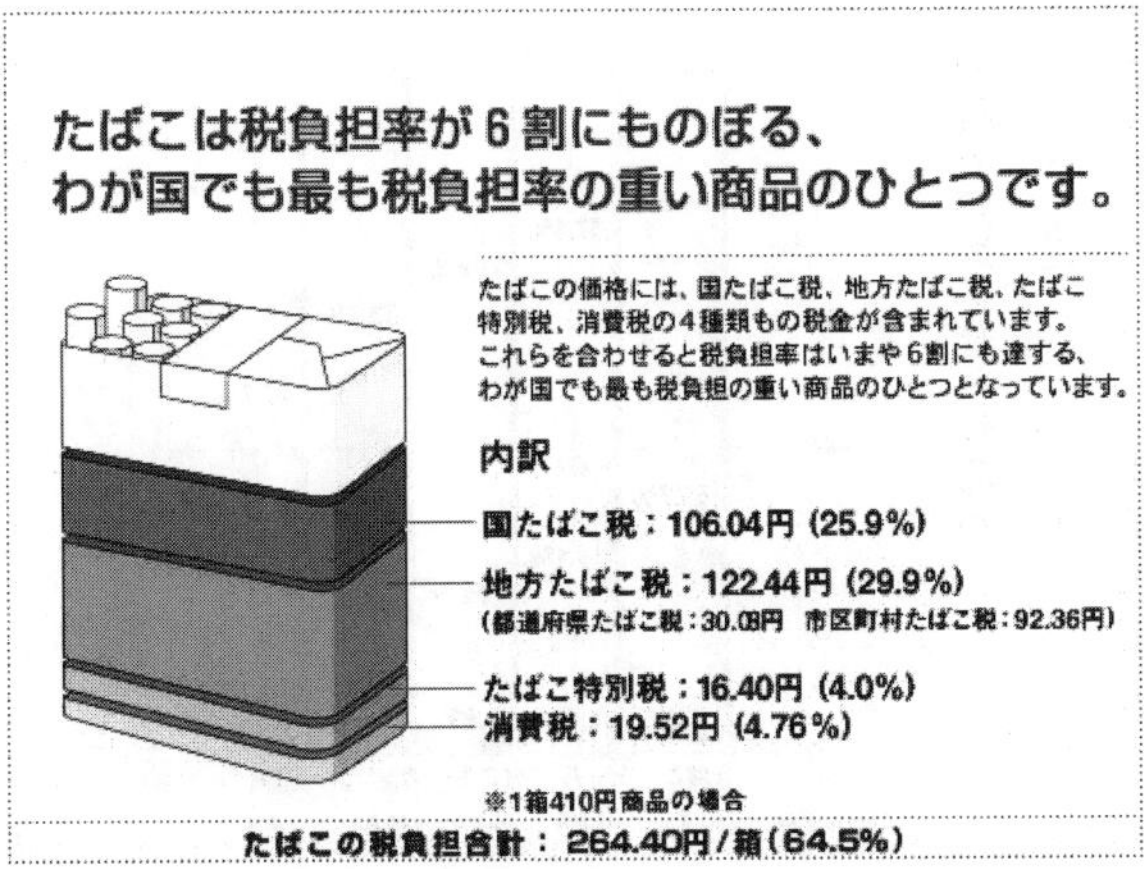
たばこは税負担率が6割にものぼる、
わが国でも最も税負担率の重い商品のひとつです。
たばこの価格には、国たばこ税、地方たばこ税、たばこ特別税、消費税の4種類もの税金が含まれています。
これらを合わせると税負担率はいまや6割にも達する、
わが国でも最も税負担の重い商品のひとつとなっています。
内訳
国たばこ税：106.04円（25.9%）
地方たばこ税：122.44円（29.9%）
（都道府県たばこ税：30.08円　市区町村たばこ税：92.36円）
たばこ特別税：16.40円（4.0%）
消費税：19.52円（4.76%）
※1箱410円商品の場合
たばこの税負担合計：264.40円/箱（64.5%）

図5-3　たばこ税の仕組み．出典）JTのホームページ．

処理のために導入されたもので、一本当たり八二銭の負担が課せられている。

五重課税か

こんなに何重にも課税することは許されるのだろうか。所得に対する税も所得税、道府県民税、市町村民税があることを考えると、課税団体が違うので直ちに二重課税ともいえない点がある。たばこ特別税は国税であるので、本来なら、たばこ税の税率を上げるべきだが、時限的なので、別の税にしたのである。消費税と同じ消費課税として二重に課税していることになるが、酒の場合と同様に、たばこの特別な嗜好性に根拠をおいた税だとすると、消費税とは別に課税することにも一定の合理性が出てくる。

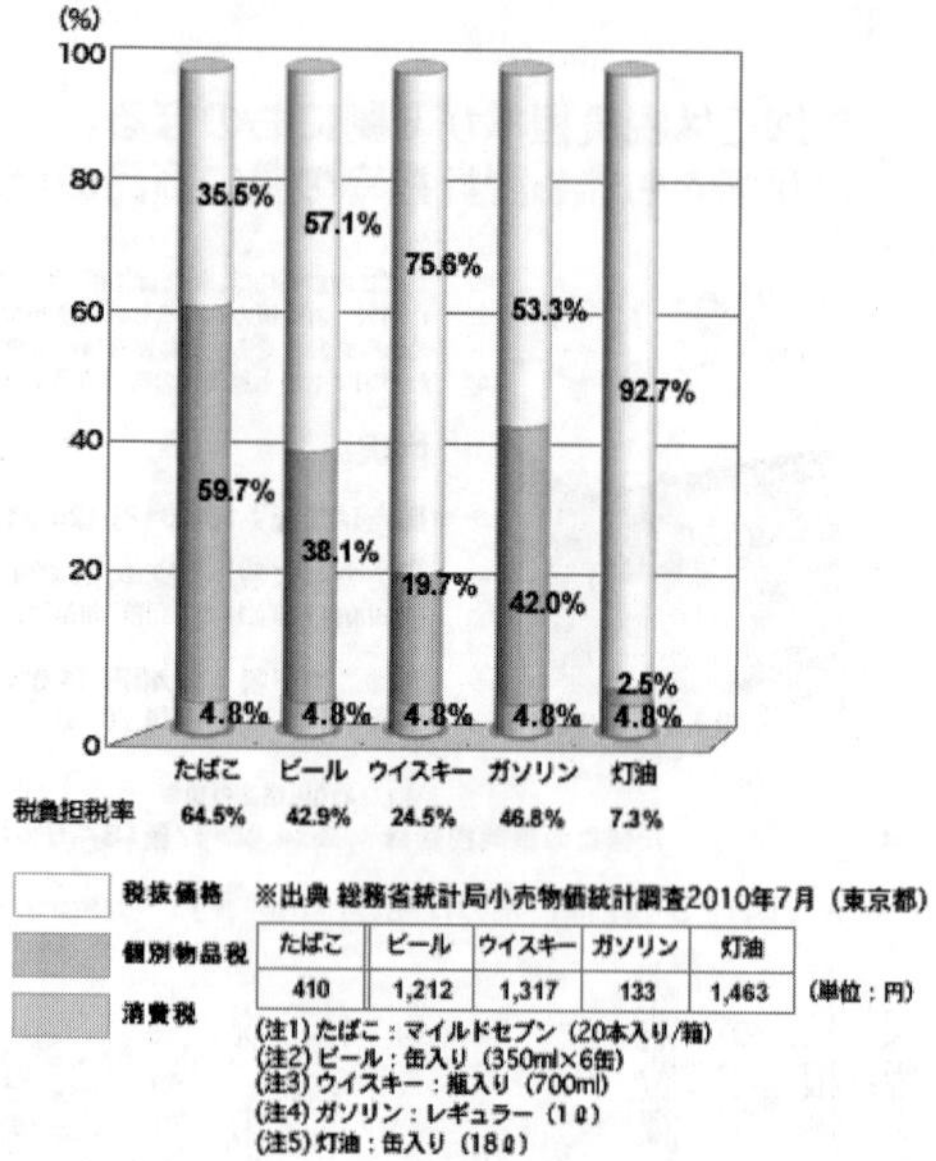

図 5-4　高負担税物品間の税負担率比較．JT のホームページには，「たばこは，我が国において最も税負担の高い物品のひとつです．高負担税物品といわれるものの中においても，たばこの「6割」という税負担率は最も高い水準にあります」との記載もある．出典）JT のホームページ．

ＪＴはたばこにかかる税負担がもっとも重いとして批判するが（図５-４）、国際比較（図５-５）をしてみると、日本の税負担はまだまだ軽い。単純に税率を外国と比較すればよいわけではないが、日本の負担が異常に高いというわけでもなさそうである。

増税で禁煙させられるか

たばこ税は二〇〇三年、二〇〇六年と引き上げられ、二〇一〇年には民主党政権の下で健康に有害な「バッド課税」として、かなりの引き上げが検討されたが、財務省の抵抗により

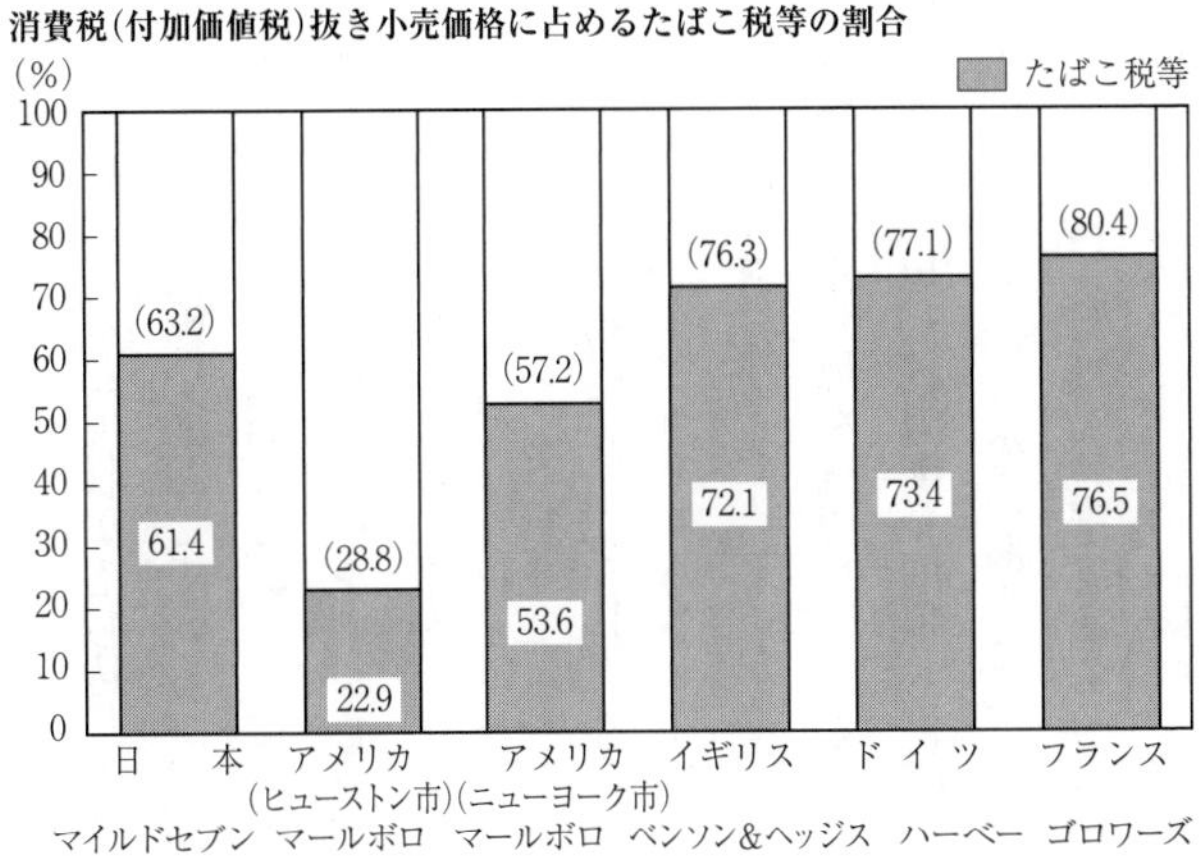

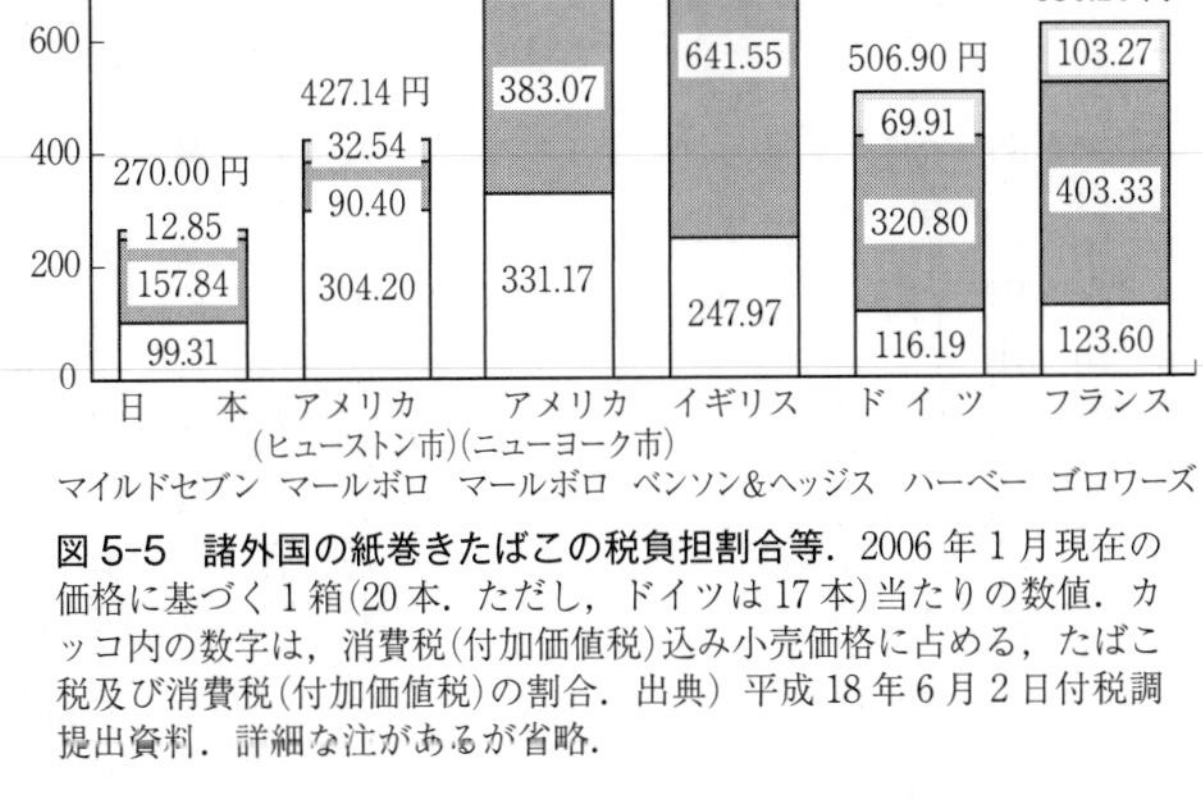

図 5-5　諸外国の紙巻きたばこの税負担割合等. 2006 年 1 月現在の価格に基づく 1 箱(20 本. ただし, ドイツは 17 本)当たりの数値. カッコ内の数字は, 消費税(付加価値税)込み小売価格に占める, たばこ税及び消費税(付加価値税)の割合. 出典) 平成 18 年 6 月 2 日付税調提出資料. 詳細な注があるが省略.

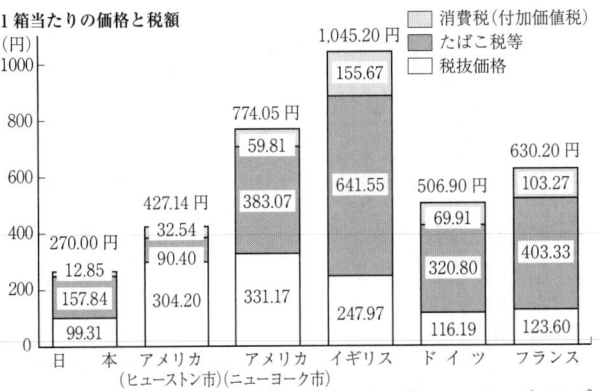

一箱七〇円程度の値上げに止まった。増税をめざす財務省が引き上げに抵抗したのは興味深いが、高すぎると税収が落ち込むことを懸念したのかもしれない。医師の団体等がたばこ税増税の署名活動を展開しているが、これは増税で少しでも喫煙者を減らしたいということであろう。しかし、酒とたばこはどの国でも税負担が重い。そうした重い税負担を課すことが可能なのは、どんなに税を重くしても、吸わず(喫まず)にいられない者が多数いるし、選挙民の半数を占める女性たちからは反発を受けることが少ないからであろう。

3　暫定が恒久化する自動車関係税

引き上げは暫定?

自動車関係の税を概観しておくと税率は表5-2のようになっている。注意してほしいのは、揮発油税、地方揮発油税、自動車重量税、軽油引取税、自動車取得税のところをみると、「本則税率」というのがあることである。これが本来の税率である。現在、実際に適用されているのは「暫定」税率である。この暫定税率がスタートしたのは田中角栄内閣の一九七四年度からであった。田中内閣は、道路整備五カ年計画を改定し、計画の事業量を一〇兆円から一九兆円に引き上げることにした。そのために財源の確保が必要となり、二年後に見直すことを条件に租税特別措置として暫定的な税率引き上げを行ったのである。ところが、この暫定税率が引き下げられることはなく、逆に徐々に引き上げられていった。このことが、二〇〇八年の通常国会で争点の一つになった。民主党は二〇〇七年の参院選での勝利をうけて、二〇〇八年の通常国会で、「ガソリン値下げ隊」と銘打つキャンペーンを展開し、福田康夫内閣の暫定税率継続方針に抵抗したのである。その後、政権が交代し、民主党政権になったのであるから、本来であれば暫定税率を廃止し、本則税率に戻し、自動車関係税の大幅引き下げを実現するはずだった。ところが、民主党の施策を実現するための財源不足が明らかになり、結局本則への復帰はできなかった。現在も暫定税率が適用され、四〇年近くになる。特別措置で税率そのものを長期間変更してしまうという手法は、税法のあり方としては邪道であろう。税率を本当に引き上げる必要があるなら、本則税率の改正をきちんと議論すべきではないだろうか。

特定財源の攻防

ガソリン税のもつ最大の問題点は、それが道路の特定財源となっていることであった。税収は原則として一般財源であり、何に使うかは、議会が決めることである。例外的に、税収の使途があらかじめ特定されている税を目的税というが、ガソリン関係の税は、そのほとんどが次のように使途目的を道路に限定された目的税だったのである。

国の道路財源に特定　揮発油税、石油ガス税(1/2)、自動車重量税(3/4)
地方の道路財源に特定　地方道路税、石油ガス税(1/2)、自動車重量税(1/4)、軽油引取税、自動車取得税

戦後の道路整備が不十分な時代に道路財源として徴収したことの意義は理解できるが、道路整備が進んだ現在、なお特定財源として維持する必要があるのだろうか。使途があらかじめ定まっている特定財源は、一般財源に比べてチェックが甘くなりやすいため、族議員の暗躍する場になっていた。民主党は特定財源制度も強く批判し、そのため福田内閣は二〇〇八年の閣議決定において二〇〇九年度からの一般財源化が確認された。そのため、特定財源を前提とした暫定税率はこの面からもその根拠を失っていることになる。やはり、きちんと再整備しなければならないようだ。

環境税化へ

表5-2にはガソリン関係税も多く含まれている。これらの税は、化石燃料に課税するものなので、いわゆる環境税と共通する点がある。北欧で採用されている環境税は、地球温暖化の原因とされている二酸化炭素を発生させる化石燃料に課税し、炭素税とも呼ばれているからである。

日本のガソリン関係税を、道路財源から切り離して、環境税として再整備すべきかもしれない。このような主張は従来からあったが、民主党政権の下でようやく石油石炭税に、「地球温暖化対策のための課税の特例」が設けられ、炭素排出量に応じた税率を上乗せされることになる。具体的には、原油及び石油製品については一キロリットル当たり七六〇円、ガス状炭化水素は一トン当たり七八〇円、石炭は一トン当たり六七〇円とされ、二〇一二年から段階的に引き上げられる予定である。炭素排出量にだけ着目した課税制度は、地球規模の環境破壊につながりかねない原子力発電などをかえって課税上優遇することになる、という問題があったが、二〇一一年の福島第一原発事故により原子力は抜本的に見直されることになろう。炭素排出量を規制する税制措置を講ずるのであれば、その増収分が自然エネルギーの

算・地方財政計画額).

出典) 平成 22 年 11 月 9 日税調提出資料.

22 年度税収	備　考
億円 25,760	• 国の一般財源
2,756 (うち地方譲与分 2,756)	• 地方の一般財源として全額譲与
240 (うち地方譲与分 120)	• 税収の 1/2 は地方の一般財源として譲与
7,535 (うち地方譲与分 3,065)	• 税収の一部を公害健康被害の補償費用の財源として交付 • 税収の 407/1000 は地方の一般財源として譲与
4,800	• 燃料安定供給対策及びエネルギー需給構造高度化対策財源
910 (うち地方譲与分 140)	• 空港整備財源及び地方空港対策費 • 税収の 2/13 は地方の空港対策財源として譲与
3,300	• 電源立地対策及び電源利用対策財源
8,432	• 地方の一般財源
2,286	• 地方の一般財源
16,272	• 地方の一般財源
1,792	• 地方の一般財源

軽油引取税及び自動車取得税は地方税法附則による特例税率

表 5-2　自動車・エネルギー関係の諸税(2010 年度(平成 22 年度)予

	税　目	課税物件	税　率
国税	揮発油税	揮 発 油	48,600 円/kL (本則税率：24,300 円/kL)
	地方揮発油税	揮 発 油	5,200 円/kL (本則税率：4,400 円/kL)
	石油ガス税	自動車用石油ガス	17 円 50 銭/kg
	自動車重量税	乗用車，トラック，バス，軽自動車，バイク等	(例)乗用車 車両重量 0.5 t・1 年につき • 自家用　5,000 円 • 営業用　2,700 円 (本則税率：いずれも 2,500 円)
	石油石炭税	原油，石油製品，天然ガス，石油ガス，石炭等	• 原油，石油製品　2,040 円/kL • 天然ガス，石油ガス等　1,080 円/t • 石炭　700 円/t
	航空機燃料税	航空機燃料	26,000 円/kL
	電源開発促進税	一般電気事業者の販売電気	1,000 kW 時につき 375 円
地方税	軽油引取税	軽　油	32,100 円/kL (本則税率：15,000 円/kL)
	自動車取得税	乗用車，トラック，バス，軽自動車等	• 自家用　取得価額の 5% • 営業用及び軽自動車　〃　3% (本則税率：いずれも 3%)
	自動車税	乗用車，トラック，バス等(軽自動車等を除く)	(例)乗用車 排気量 2,000 cc クラス • 自家用　39,500 円(年) • 営業用　9,500 円(年)
	軽自動車税	軽自動車，小型二輪車，原付自転車等	(例)軽乗用車 • 自家用　7,200 円(年) • 営業用　5,500 円(年)

注 1)　税収は，国税は当初予算額，地方税は地方財政計画額である
注 2)　揮発油税，地方揮発油税及び自動車重量税の税率は租税特別措置法，

利用促進につながるよう財政支出にあてるべきではないだろうか。

4　様々な流通税

各種の流通税

不動産等の取引をすると、様々な流通税がかかってくる。売買契約を締結し、契約書を作成すれば印紙税、不動産を登記すれば登録免許税、取得したことに対して不動産取得税が課される。

印紙税は、課税対象となる文書を作成する者が納税義務を負い、譲渡契約のように二人以上の者が共同して作成した場合は連帯納税義務を負うことになる。この税は一七世紀前半にオランダで導入され、国民に自覚されにくいので世界に広まったといわれているが、イギリスがアメリカでこの税を徴収し始めたことが独立戦争の始まりであるから、決して自覚されないわけではない。日本では一八七三年(明治六年)に導入された。

契約書等を作成すると課税されるのはなぜだろう。国家がその契約書にお墨付きを与えるのだろうか？　しかし、印紙が貼付されていないと契約書が無効になるわけではない。契約書に印紙税を課すようにしないと、契約書が乱造され、租税回避などに悪用されるからだろうか？　しかし、巨額の租税回避を図る場合には、かえってきちんとした契約書を作成するのだから、効果は限定的だし、この税導入の意図にはなかったようだ。結局、課税対象となる文書は経済的取引を示したものであり、そのような取引をできる人はそれなりの担税力を有していることを根拠にするしかない。しかしそうだとすると、それなら消費課税でいいのではないか、等々の反論も受けそうである。しかも、現行の印紙税法では電子文書は課税できない。電子文書も経済力の反映なので、課税しないのは不公平だということになる。要するに、印紙税という税をなぜ取らねばならないのか、その合理的根拠を説明するのは難しくなっている。

登録免許税も、登記できることに担税力があることを見いだして課税するもので、納税義務者は登記・登録を受ける者である。不動産を取得した場合には、さらに都道府県税でもある不動産取得税も課される。どちらも時価が課税標準であるが、固定資産課税台帳に価格が登録されている不動産については、原則としてその登録価格が課税標準とされている。

これらの税の課税根拠も様々であるが、流通過程に重ねて課されるので、納税者の負担感は大きい。それだけに、租税回避をいろいろと誘発し、私法にも様々な影響を与えてきたともいえる。その最近の一例をあげよう。

相続させる遺言と登録免許税

特定の財産を特定の相続人に相続させたい場合は、遺言書を書いておくことが必要となる。遺言により財産の全部または一部を相続人その他の者に無償で処分(贈与)することを遺贈というが、遺言書に「××を○○に遺贈する」と書けばよいのに、「相続させる」と書くことが多く行われている。

なぜなのかというと、移転登記手続に要する登録免許税が、「遺贈」の場合は不動産価格の一〇〇〇分の二〇だが、相続だと一〇〇〇分の四になるので、「相続させる」と書いて安い税率の適用を図ったのである。また、移転登記手続において「遺贈」の場合は受遺者と遺言執行者または全相続人が共同で申請しなければならないが、「相続させる」の場合はその相続人が相続を登記原因として単独で申請することができる、というメリットもあったのである。

二〇〇三年改正で、税率が全体に引き下げられるとともに、法定相続人に対する遺贈については相続と同様の税率が適用されることになった。

また、これらの税を回避する定型的な手法として「中間省略登記」もずいぶん行われてきた。取引の実態を反映しないこのような登記は、二〇〇五年の不動産登記法改正によって締め出されたが、それと同様の経済的効果をもたらす「直接移転売買」(第三者のためにする契約)という方法が行われ始めている。

本章で取り上げた各種間接税・流通税は、いずれも一つの物や行為に重複して課税され、その合理性が今日では乏しいものが少なくない。その矛盾を繕うために、特別措置でより複雑な特例を設け、延長を繰り返し、いつの間にか特例と原則が逆立ちしはじめている。原則に戻って、その税が本当に必要な税制なのか、そろそろ再検討すべき時ではないだろうか。

第六章

地方税

——財政自主権は確立できたのか？

1　地方税のしくみ

地方税条例主義

地方税は、その収入が道府県のものになる道府県税と、市町村のものになる市町村税とに大別できる。図6-1の税収比をみてみよう。

道府県の場合は道府県民税と事業税で約六割を占めており、それ以外では主に消費税や自動車関係税で構成されていることになる。

次に市町村の税収比をみてみよう(図6-2)。

市町村民税と固定資産税とで全体の九割近くが占められていることになる。

道府県民税と市町村民税は住民税ともいわれている税で、個人と法人があるが、それぞれ所得を課税標準としているので、所得税と法人税のところで解説したことが基本的に妥当する。そこで、道府県税の中心的な税として事業税を、市町村税の中心的税として固定資産税と都市計画税を、本章でとりあげてみたい。

ところで、これらの地方税は、地方税法という一つの法律の中で規定されている。事業税

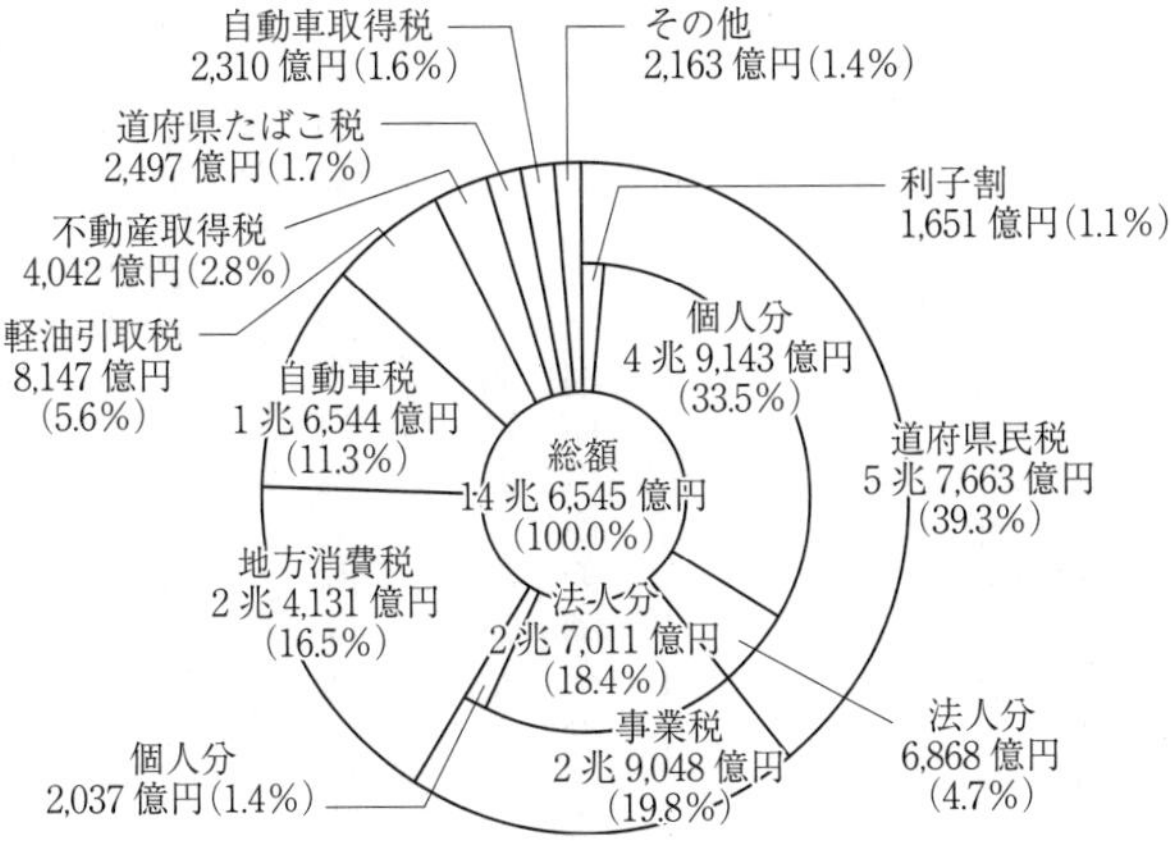

図 6-1　道府県税の税収の構成比(平成 21 年度決算).
出典) 総務省のホームページ.

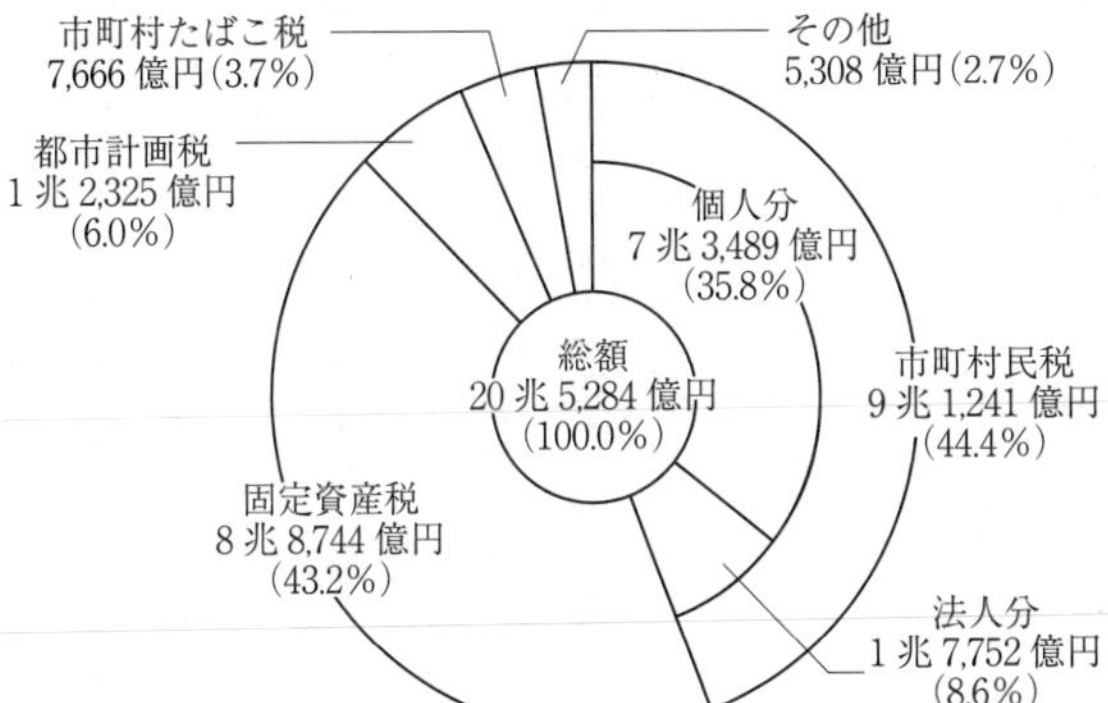

図 6-2　市町村税の税収の構成比(平成 21 年度決算).
出典) 総務省のホームページ.

のような道府県税も固定資産税のような市町村税も、一緒に地方税法という一つの法律の中で規定されているのである。この地方税法は直接私たちに納税義務を課すものではなく、各自治体が税条例を制定する際のモデルなのである。つまり、各自治体は地方税法に基づいて税条例を制定し、それが私たち住民に納税義務を課すのである。

しかも、自治体の税条例は地方税法と全く同一では必ずしもない。地方税法自体が自治体に一定の裁量を認めているものが少なくないからである。したがって、あなたが自分の地方税のことを具体的に調べたいときは、あなたの自治体の税条例を調べなければならないのである。従来は自治体の税条例を調べるにはその自治体の図書館等に行かなければならず大変であったが、最近ではインターネットを通じて自治体が公表しているので、ずいぶん楽になってきた。

不明確な規定

しかし、あなたの市町村の税条例をみてみたら、税額が具体的に示されておらず、「当該年度の初日における療養の給付および療養費の支給に要する費用の総額の見込額から療養の給付についての一部負担金の総額の見込額を控除した金額の百分の六五に相当する額以内」

などと規定されていたとすれば、どうしたらいいのだろう。

租税は、国税は法律に基づいて（租税法律主義）、地方税は税条例に基づいて（租税条例主義）しか課税できない。条例に基づいているかどうかを判断できるようにするためには、どのような場合に課税されるのかが住民にもわかるようになっていなければならないはずである（課税要件明確主義）。ところが肝心の条例が、右のような不明確なものでは住民もチェックできない。このような税条例があったら、それは租税条例主義違反で無効である。

かつて秋田市の国民健康保険税条例が右のような不明確な規定で課税し、違憲とされたことがある（仙台高裁秋田支部昭和五七年七月二三日判決）。最近では自治体側もできるだけ具体的に税条例で規定するようになってきているはずであるが、一度あなたの自治体の税条例を調べてみると、思わぬ発見があるかもしれない。

三割・四割自治は変わらず

地方分権の推進が叫ばれて、様々な改革がなされてきた。二〇〇三年頃から政府は、①国から地方への補助金の削減、②地方交付税の削減、③税源委譲を「三位一体」で見直す改革を実施してきているが、その具体化の一つとして二〇〇七年（平成一九年）から、所得税の一

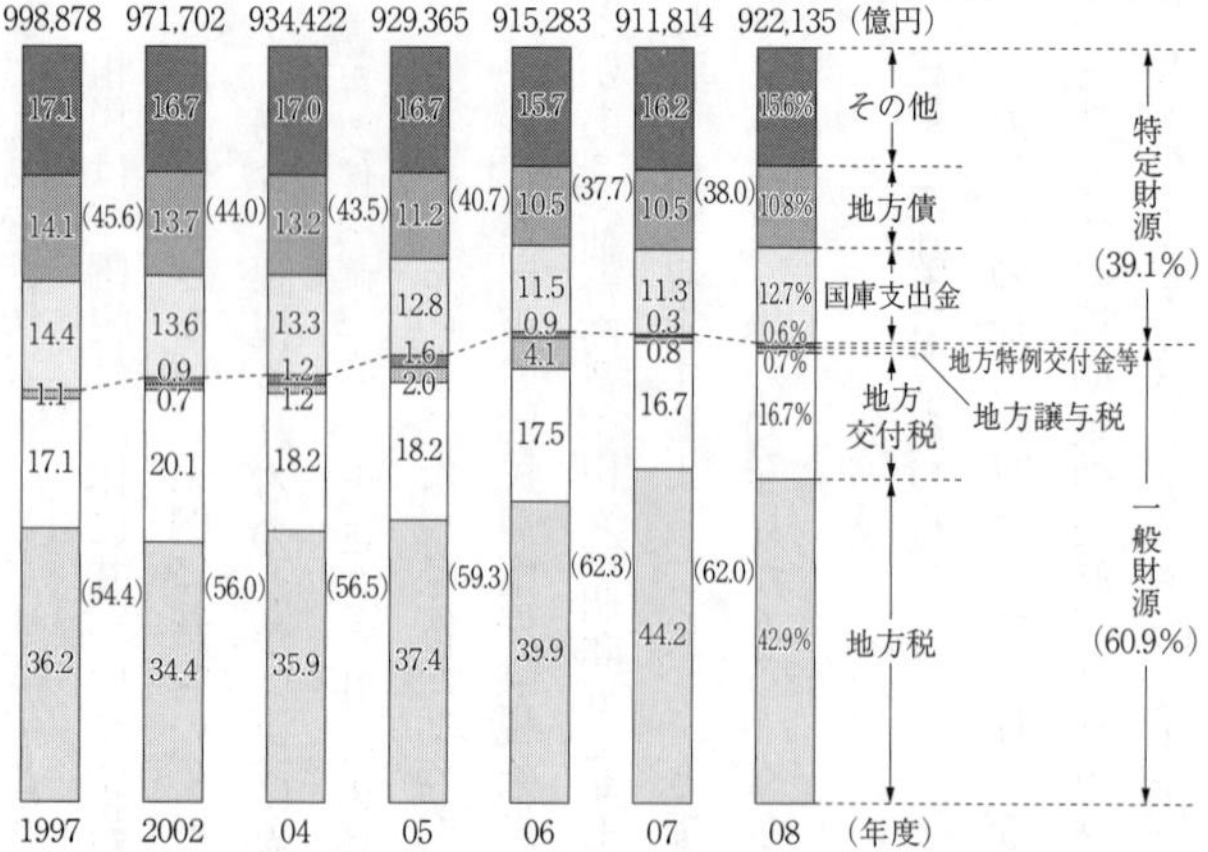

注) 国庫支出金には，交通安全対策特別交付金及び国有提供施設等所在市町村助成交付金を含む

図 6-3　歳入決算額の構成比.
出典) 平成 22 年『地方財政白書』.

部を住民税に委譲した。その結果、平成に入ってから落ち込む一方だった地方歳入に占める地方税の割合が少し回復し四割になった(図6-3)。従来はこの割合が三割だったので、三割自治と言われてきた。四割に回復したとはいえ、自治体の財源のうち、独自の税収の割合が四割しかない。これでは独自の施策を実施しようと思っても、税収だけではまかなえないという状況は変わりそうもない。国からの交付税や国庫支出金に頼らざるを得なくなると、いつの間にか国の基準にあわせていくことになり、どの町の駅前ターミナルも同じものになり、地方は独自の色を失う。四割というのは、あくまでも自治体の平均であるから、六～七割の税収を得られる自治体もあれば、一割どころか一分程度しか税収を得られない過疎の村もあるのである。

自治体間のこうした格差にも留意しながら、地方税の税源をもっと大胆に自治体に委譲すべきように思われる。自治体に税を徴収する能力があるのか、という批判もあるが、そのような税源が与えられれば、それにふさわしい体制に整備されるはずである。地方自治を真に推進しようとするなら、独自の税収の確保はやはり不可欠である。

2 事業税

事業に課税

事業税は住民税と並んで都道府県の大きな財源となっている。この事業税の沿革は一八七八年の営業税にさかのぼる。当初は業種ごとに定額で課税された営業税は、その後様々な変遷を経て今日の事業税に至っているが、常に大きな難問を抱えている税制である。というのは、この事業税は一般に事業活動と都道府県の行政サービスによる受益関係に着目した税制とされているが、受益との対応関係をどのような基準で測ればいいのか明確なものがないからである。従業員数や事業所の面積などで測れば(これを外形標準という)、確かに形式的画一的に課税できるが、それが本当に受益と対応しているのかという疑問と、他方で、課税される事業者からは、現実に事業利益がなければ払えないではないか、という反論がなされるからである。事業税はこの狭間で揺れ動いてきたのである。

現行の事業税は「法人の行う事業」と個人の行う一定の事業を課税対象としている。個人の場合は所得税法上の事業所得が必ず事業税の対象になるわけではなく、法律に規定されている七〇種類の事業に限定されている。事業活動の種類が常に変化し続ける現代社会において、このような規定の仕方がよいかどうかは確かに疑問である。しかし他方で、所得税法では事業所得とされても、作家のように自室で執筆活動をしている事業の場合、自治体がその事業活動に対してサービスを提供したといえるだろうか。そこで、このような事業が課税対象から外されているのである。

最大の難問は課税標準である。事業税を、事業活動と都道府県の行政サービスによる受益関係に着目した税で、事業に課税されるものだと考えるならば、事業規模を適切に反映した基準、例えば売上金額、付加価値、資本金額などが望ましいことになる。しかし、現実には所得がなければ負担できないということも考慮すれば、所得を課税標準にした方が無難である。二〇〇四年までは、この両側面を折衷し、課税標準を「所得金額及び清算所得又は収入金額」とし、収入金額の方は「電気供給業、ガス供給業、生命保険事業、損害保険事業」の四業種のみに適用し、他の法人と個人は「所得金額及び清算所得」としたのである。

原則として、所得を課税標準としてはいるが、法人税や所得税の所得と全く同一ではない。海外での所得は除かれるし、個人事業の場合は所得税の場合のように人的控除をすることはできず、あくまでも「事業の所得」が課税標準となる。つまり、事業税は事業規模を間接的に推計する指標として人的控除のない「所得」を課税標準にしているので、どのような人的事情で当該事業を営んでいるかには関係なく課税される物税的な税制であり、所得税のような人税とは根本的に異なっている。

外形標準課税

こうして、一応所得に課税する制度として発達してきた事業税であるが、所得に課税することからくる弱点を抱え、とくにバブル崩壊後その弱点がクローズアップされてきた。法人税の章で紹介した赤字法人問題である(図2-2、六一頁を参照)。

所得を課税標準にすると、赤字企業には課税できない。それでも赤字企業の割合が少ない時はそれほど問題にならなかったが、近年のように大企業でも半数が恒常的に赤字で事業税負担をしないというのでは、自治体財政の安定性が失われてしまう。事実、事業税収はバブル崩壊後、毎年のように減り続けてきた。東京、大阪、名古屋、神奈川といった大都市では、ピーク時の四割から六割程度の収入にまで落ち込んでしまった。そこで、再び外形課税の議論が台頭し、激しい攻防戦が繰り広げられてきたのである。七割が赤字の中小企業にとっては、所得がなくても負担しなければならない消費税に加えて、事業税も負担させられるなら事業そのものの存続にも関わるので、強い反発があった。

その結果、二〇〇四年から資本の金額または出資金額が一億円を超える大企業に対してのみ外形課税が導入されることになった。これらの大企業は、従来同様、所得を基準にした事業税のほかに、各事業年度の付加価値額と各事業年度の資本等の金額を課税標準とした事業税が課されることになった。付加価値額というのは、各事業年度の収益配分額(報酬給与額、純支払利子及び純支払賃借料の合計額をいう)と各事業年度の単年度損益を合算することにより算定されるので、従業員に対する給与が多いと事業税も高くなりかねない。そこで、この制度が雇用の一層の悪化につながることがないように、雇用安定控除制度(地方税法七二条の二〇)も導入され、一定基準を超えた給与額は、収益配分額から控除されることになっている。

外形標準課税の導入によって法人事業税収入は若干増えている。事業自体に課税するという建前と、所得がなければ負担できないという現実との狭間で、事業税はなお揺れ続けていくだろう。

3　固定資産税

台帳課税主義

道府県税における事業税と同じような位置を市町村税の中で占めているのが固定資産税である。固定資産税は土地・家屋・償却資産を毎年一月一日現在所有している者に課せられる。この場合の所有者は固定資産課税台帳(例えば、土地の課税台帳は土地登記簿に登記されている必要事項を記載した帳簿である)に登録されている者であり、仮に実際には別の人が所有権を持っていたとしても、課税台帳に登録された者が納税義務を負うことになる。

実質判断よりも形式判断を優先しているが、対象となる土地が約一億八〇〇〇万筆、家屋が六〇〇〇万棟もあることを考えればやむを得ないことであろう。一月一日現在の所有者が納税義務を負い、その年度の固定資産税を全額負担することになる。仮に、その土地を五月一日に譲渡し、結局その年は四カ月しか所有していなくとも、残りの八カ月分について税金が戻されることはない。したがって、不動産取引の場合は当事者同士で調整することになる。関東は一月一日から譲渡するまでの期間に応じて負担を分けるが、関西はなぜか四月一日を基準にしている。

バブル後遺症

固定資産税もバブルとその崩壊によって制度が歪められ、一層複雑になってしまった。固定資産税は固定資産の適正な時価(地方税法三四一条五号)を課税標準とするものであるが、この適正な時価とは何を意味するのかについて、従来から論争が続いている。一般的には取引価格だと解されているが、保有し続ける土地等を売った場合の価格で課税するのは矛盾しており、むしろその土地から期待される収益を基準にした価格(収益還元価格)にすべきだという意見もある。しかも、現実に一億八〇〇〇万筆もの土地所有者に理解されるには、評価を抑えた方が自治体にとっても無難であり、バブル期は固定資産税の評価額が実際の取引価額に比して相当低かったし、地域によって相当アンバランスもあったのである。

それが、バブル期の地価高騰に直面して、強い批判にさらされた。土地保有のコストが安いので、みんなが土地を所有したがり、それが地価の高騰を招く、等々の批判である。これらの批判におされて、一九九二年の改正で公示地価の七割を基準とする評価引き上げが行われた。皮肉にも、バブル崩壊がはじまった時に評価引き上げが実施されたのである。その結果、評価額が実際の取引価額を上回る事態にまでなり、とくに一九九四年度の評価替えに対しては、評価審査委員会に対する審査の申出数が二万件を上回り、訴訟が一五九件も提起されるという異常事態となった。土地政策税制の多くは、対策を講じるときには経済状態はすでに変わっていて結局失敗してしまうことが多いのだが、この評価引き上げもその一例だった。

しかも、固定資産税の評価額は引き上げたが、それをそのまま適用すると急激な負担増になるので、様々な調整措置も導入した。そのため、実際の課税標準額の算定は非常に複雑なものになってしまったのである。

このような矛盾は、固定資産税の評価額を課税標準として使っている不動産取得税や登録免許税でも現れてきた。これらの税が固定資産税の評価額を課税標準に利用したのは、それが実際の取引価額を大きく下回っていたため自治体にとっても安全な額だったからだが、実際の取引価額を上回る事例が出てきてしまったのである。

家屋はなぜ下がらない

固定資産税の評価で問題なのは家屋の評価である。実際の市場では築一〇年の家屋は相当低い価格になるが、固定資産税はなぜか下がらない。その秘密は、家屋の評価方法にある。

家屋の評価額は「再建築価格×経年減点補正率」で求められる。「再建築価格」というのは、評価される家屋と同一のものを、評価の時点において、その場所に新築するものとした場合に必要とされる建築費のことである。一〇年前に二〇〇〇万円で建築した家屋でも、今建築すると三〇〇〇万円になるとすると、そこから経年減点補正率をかけても、結局、新築時の評価額とあまり変わりない。むしろ、家屋の評価額が実際の取引価額を上回る場合も出てきている。固定資産税の場合には、あまり気づかれないが、固定資産税の評価額を課税標準に利用している登録免許税や不動産取得税では、実際の取引をしたあとに、取引額より高い額が時価として適用されるので、納税者に気づかれ、トラブルになることが少なくない。

時価に連動すべきなのか

こうしてみると、課税標準を時価とし、その時価を取引価額としている現行のシステムそのものに無理があるのではないだろうか。土地一億八〇〇〇万筆、家屋六〇〇〇万棟を三年ごとに取引価額にあわせて評価替えするのは大変な作業である。しかも、その税収が、取引価額に連動して増大したり、減少したりする。これでは、安定した市町村の基幹税としての役割を果たすこともできない。そこで、評価をいろいろ調整して税収を安定するようにしているので、市民にはますますわからない。

なお、税額は課税標準だけで決まるのではない。税額は課税標準と税率の共同作業である。時価にあわせて課税標準を動かさなくとも、税率の調整で税負担も変動するのである。課税標準としての時価は土地の保有税としての固定資産税にふさわしい低額のおおざっぱな収益価格にして、その評価額は安定的なものにした上で、時価や経済の動きにあわせて税率で負担を調整する方法もあり得るのではないだろうか。

そもそも、固定資産を売った場合の価格で、その自治体に住み続けている住民に課税するという発想自体がおかしいのではないか。住民がその固定資産を利用した場合に通常生じる収益を自治体と住民が分かち合うために払うのが固定資産税だ、というように変えていけないものであろうか。

課税ミスの連続

固定資産税は、三年に一度ずつ評価替えして、いろいろ細かい調整をしなければならないため、自治体にとっても大変だし、その評価額の当否は市民にもすぐにはわからない。自治体の職員にも十分な専門性がない。そのためか、固定資産税の課税ミスが後を絶たない。二〇〇九年から二〇一一年まで課税ミスと報道された主な自治体名をあげてみると、坂出市、鎌倉市、沖縄県西原町、田辺市、宇部市、郡山市、加古川市、守山市、廿日市市、豊田市、近江八幡市、甲賀市、柳井市、雲仙市、南相馬市、愛媛県久万高原町、京都市、等である。これは実際にミスがあった自治体のごく一部だろう。こんなに課税ミスが連続していると、市民は自治体の課税処分を信頼できなくなる。安定した税収と市民の信頼を確保するためには、固定資産税にも見直すべき点は多そうだ。

4　都市計画税

固定資産税とどう違う

固定資産税を負担している人は同時に都市計画税も負担していることが多い。固定資産税と一緒に納付させられているため、固定資産税との違いがよく理解できない。都市計画税は、道路・公園・下水道整備などの都市計画事業または土地区画整理事業に要する費用に全額が使われる目的税である。市街化区域内の土地・家屋に対して課税され、土地は約四〇〇〇万筆、家屋は約三〇〇〇万棟が対象になっている。

税率は、固定資産税が一・四%の標準税率なのに対して、都市計画税は〇・三%の制限税率、つまり〇・三%以下の税率を自治体が定めることになっている。二〇〇六年時点で課税している自治体は全国で六七八自治体である。そのうち、〇・三%で課税しているのが三四〇自治体で約半数、自治体間で多少負担に違いがあることになる。

都市計画税は、都市部の土地・家屋に課せられるもので、その税収は都市計画事業、つまり道路や公園、緑地、ごみ焼却場などの「都市計画施設」の整備のために使われるのである。納税義務者は、固定資産税と同様に毎年一月一日現在、市街化区域内に所在する土地・家屋の所有者である。

この税は、一九一九年の都市計画法の制定に伴い創設され、その後一旦廃止されて、一九五六年の地方税法改正で復活された地方税である。この税の課税根拠は、都市計画施設の整備によって「地価が上昇する」ことにあった。したがって、この税の名称は「税」だが、

「受益者負担の制度を拡充する趣旨」で設けられたもので、実質的には「負担金」に近いものとして登場した。負担金というのは、税とは異なり、ある施設の整備によって利益を受ける住民がその費用の一部を負担するという制度である。しかし、その課税標準に固定資産税の評価額がそのまま適用されたため、都市計画事業のための目的税としての都市計画税の性格をすっかり曖昧なものにしてしまったのである。

都市計画財源として機能しているか

固定資産税と同じ課税標準であったことは、都市計画財政に、より深刻な問題を生み出してしまった。都市計画のための目的税であるという前提が、現実に徴収している自治体の実務の中で崩壊してしまったからである。本書の旧版では、一九九六年度の自治省(現・総務省)の調査により、都市計画税を徴収していた七九一の自治体のうち、議会に使途を明示しているのがわずかに四〇団体しかなく、住民に使途を説明しているのも二二〇団体しかなかったこと、一九九九年の調査でも一〇〇団体にすぎないことを批判したが、その後も議会への説明は一一三団体までしか増えていない(二〇〇七年八月一五日の安倍晋三首相の国会答弁)。大半の自治体は議会に使途を明示していないし、住民にも説明していないのである。名前だけは都市計画税であるが、自治体での運用はまさに固定資産税と同一なのである。これでは、都市計画は財政面から住民に全く自覚されないものになり、住民が都市計画に目を向けることを妨げてしまったのである。

都市計画税のこのようなシステムは、都市計画を通じて生じる地価上昇という開発利益を吸収することも、また、都市計画の重要な財源であることを住民に理解させることも、できなかったことになる。

都市計画への住民参加と都市計画税の再生

都市計画事業による著しい地価上昇が見込めない状況で、土地所有者等はどのような条件の下で負担に応じられるのであろうか。都市計画事業による受益を抽象的に説いてみたところで、都市計画自体を実感できない土地所有者に負担を求めるのは無理であり、戦前・戦後を通じ繰り返されてきたトラブルを再燃させるだけである。最近では都市計画税廃止論なども主張されている。このように都市計画税が土地所有者に理解されなかった大きな要因は、都市計画決定過程へ住民・負担者が参加できず、計画決定自体が自分たちの都市生活上の利便に資するという自覚ができなかったからに他ならない。このような状況をどこから変えていけるのであろうか。

都市計画税は前述のような問題を抱えているが、都市部にとって、都市計画税の占める割合は税収の七~九%も占めているのである。さしあたり、名称や課税標準等は現行のままでもいいが、大事なことはこの税収の使途を、一般の議会ではなく、実質的に都市計画区域住民の判断に委ねることのできるシステムをつくることであろう。この税の使途をコントロールするための専門会議を、都市計画区域住民参加を通じて形成すれば、都市計画区域住民は「税の使用」が生み出す利益とその負担関係の実態を実感できるし、都市計画税を地価上昇の吸収制度としてではなく、都市施設の費用負担的なものに理解し直すことが可能になろう。そのことは、さらに都市計画の財源の中心である地方債及び補助金の配分の公平性に目を向かわせることになり、公共事業そのものの財源配分にも視野が広がることになるはずである。

そのことを通じて都市計画区域住民の間に都市計画税の実態について一定の理解が深まった段階で、都市計画税のあり方を検討してはどうだろうか。仮に、現行地方税制の下では住民に望ましい改正が不可能な場合には、後述の法定外目的税制度を住民サイドから活用することも可能となろう。

5　法定外税

自治体独自の税

地方税法は自治体が課税できる税を具体的に列挙しつつ、同時に、それ以外の税を独自に制定する余地も認めている。これを法定外税という。従来は法定外の普通税制度しかなかったが、二〇〇〇年から法定外の目的税も制度化され、その活用の範囲が広がった。

ただし、無条件ではなく、あらかじめ総務大臣と協議し、その同意を得なければならない。総務大臣は、その法定外税が①国税または他の地方税と課税標準を同じくし、かつ、住民の負担が著しく過重となること、②地方団体間における物の流通に重大な障害を与えること、③前二号(①②)に掲げるものを除くほか、国の経済施策に照らして適当でないこと、を理由に不同意することができるが、それ以外の場合は同意しなければならないとされている(地方税法二五九条等)。総務大臣が同意しないことに自治体に不服がある場合には、国地方係争処理委員会に審査の申出をすることができ、その結果に不服があるときはさらに高等裁判所に不同意の取消を求めることができるとされている。

横浜市が二〇〇〇年に導入を試みた勝馬投票券発売税に対し、総務省が「国の経済政策に照らして適当でない」として同意しなかったため、横浜市が国地方係争処理委員会に不服審査を申し出た結果、再協議になった事例がある。

実際の導入例

新制度になってから総務大臣が同意をした税を概観してみよう。

まず最初に同意を得たのは、河口湖町・勝山村・足和田村（現・富士河口湖町）が新設した「遊漁税」と熱海市の「別荘等所有税」であった（同意日、二〇〇一年三月三〇日）。「遊漁税」は新設の目的税で、河口湖で釣りをする人たちに、遊漁券（日釣り券、現場売り券）と二〇〇円の遊漁税券を合わせて購入してもらう仕組みである。年間四〇〇〇万円の税収を見込んでいたが、初年度は見込額を上回り、この税収を生かして湖畔の駐車場やトイレなどの施設整備に充てられた。「別荘等所有税」は法定外税の代表的なもので、従来からあった別荘所有者に面積に応じて課税してきたものを継続することの同意である。

ついで城陽市「山砂利採取税」、神奈川県「臨時特例企業税」、青森県「核燃料物資等取扱税」、福井県「核燃料税」、三重県「産業廃棄物税」、新潟県「核燃料税」、山北町「砂利採取

税」、中井町「砂利採取税」、多治見市「一般廃棄物埋立税」、東京都「宿泊税」、沖縄県「石油価格調整税」、太宰府市「歴史と文化の環境税」などと続いている。

核燃料関係の税は従来からあったもので、発電用原子炉に挿入された核燃料の価額等を課税対象にしたものである。この税は、原発に装塡《そうてん》した燃料価格に応じて課税する方式であるため、運転停止が長引くと減収となる。そこで、稼働率が低い「高齢原発」を抱える福井県が停止中の原発にも課税する新方式を二〇一一年に導入した。国の電力政策として脱原発に向かうべきだと思われるが、この税は運転停止しても税金がかかることを通じて廃炉を促す効果もある。

新設された神奈川県の「臨時特例企業税」は、赤字企業が多い現状に鑑みて、繰越控除欠損金額を損金の額に算入しないものとして計算した場合の所得を課税標準としている。太宰府市の「歴史と文化の環境税」は一般有料駐車場利用者に課すものである。最近の法定外税の傾向を代表しているのが、三重県や多治見市のような環境税的な税であり、多くの自治体で構想されている。

よそ者課税

法定外税に目的税が加わり活用の余地が広がったことと、地方分権化の流れの中で、法定外税制度が自治体の政策の活性化を促している。しかし、法定外税制度は地方自治を支える財源としてはあくまでも補充的なものにすぎず、基本は現行の基本的な税源を自治体に委譲していくことでなければならない。

また、法定外税も決して問題がないわけではない。自治体の長及び議会は、選挙のことも考えると、自治体住民以外のよそ者に対する税負担を押しつけがちだからである。よそ者がその自治体に来る・来ないの選択の余地がある場合はまだよいが、そのような余地のないよそ者だけをねらい打ちにするような課税制度は避けねばならない。また、大企業に課税すると、訴訟を起こされることが多い。そこで、訴訟を起こす余力のない住民に課税するような傾向が出てこないようにする必要もある。法定外税といえども税である以上、憲法が規定している人権に反するような内容であってはならないのであり、むしろ、憲法の理念を積極的に反映するような法定外税の出現を期待したい。

第七章

国際課税——国境から税が逃げていく

1　逃げる納税者

タックス・ギャップ

これまでの章では、日本に住んでいる通常の日本人(ここでは日本国籍を有する人としておきたい)と日本企業のことを念頭において、説明をしてきた。しかし、私たちの周りを見ると、実に多様な人が日本で生活し、多くの外国企業が活動をしている。他方で、外国で働く日本人もずいぶん増え、日本企業の海外進出もますます盛んになっている。日本の税制のあり方を考えるときには、こうした国際関係も視野に入れないと、公正な税制を実現できなくなっている。なぜなら、国境というものが現在最も効果的な租税回避手段になりつつあるからである。

税制は現在のところ各国の専権事項で、それぞれが独自に定めている。そのため、A国とB国とでは税率が違うし、納税義務者の範囲も違うことなどがある。こうした違いを利用するために、人や企業が移動し始めている。アメリカではこうした仕組みを利用して減額された税額をタックス・ギャップ(Tax Gap)といい、推計して公表している。二〇〇一年度は約四〇兆円だったとされている。

では、日本はどうなのだろう。二〇〇八年に国会でこのことが質問されたが、当時の政府は、「タックス・ギャップ」の推計は行っておらず、また、行う考えもない、と答弁している。正確な推計が難しいことがその理由のようだが、いろいろな手法を用いて推計してみる価値はありそうだ。何しろ、日本の直接海外投資先(二〇〇四年度・財務省)のデータをみると、第一位がオランダ(二三・七%)、第二位のアメリカ(一三・二%)と第三位の中国(一二・八%)は良いとして、第四位はケイマン諸島(一一・一%)なのである。オランダやケイマン諸島に企業が投資しているというのは、事業を行うためではなく、税金を減らすためである。こうした資料なども参考にして推計をしてみると、相当な額に上りそうだし、納税者の目も国際社会に向かうだろう。

「居住者」か否か

ここに日本人が三人いたとしよう。その三人はいずれも日本で一〇〇〇万円、外国で五〇〇万円の所得があるが、次のような違いもある。

甲さんは、日本の住所を有していて、外国にはほとんど行かない。
乙さんは、日本に住所があるが、最近一〇年間のうち、六年近くも外国で暮らしている。
丙さんは、外国に住所を移し、日本にはほとんど来ない。

日本はこの三人に対してどのような課税ができるのだろうか？ 甲さんは日本に住所があるので「居住者」になる。「居住者」は「全世界の所得」に対して、日本で課税されることになる。つまり、日本で稼いだ一〇〇〇万円と、外国で稼いだ五〇〇〇万円の合計額すべてについて日本で課税されることになる。外国で稼いだ所得には、外国でも課税されている可能性があるが、その場合は、日本の所得税を申告するときに、外国税額控除として、日本で納付する税額から控除され、二重課税にならないように調整されている。

乙さんは二〇〇六年まででであれば、住所はあるが永住の意思はない「非永住者」に該当したかもしれない。その場合は、後述の外国人と同じことになる。しかし、日本人がこの制度を乱用する例が目立ったので、日本国籍のある者は二〇〇六年から非永住者から除かれるように改正され、現行法ではやはり居住者ということになり、全世界所得に課税される。

丙さんは、日本の住所がないので、日本人といえども、日本は課税権を全面的に行使することはできない。丙さんに対しては、日本で稼いだ所得(国内源泉所得という)についてのみ日本が課税できることになる。外国に住んでいる人が外国で稼いだものについて日本は手を出さないことにしているのである。

次に外国人の場合を考えてみよう。先ほどと同様に、外国人が三人いて、いずれも日本で一〇〇〇万円、外国で五〇〇〇万円の所得があるが、次のような違いがある。

Aさんは、日本の住所を有していて、外国にはほとんど行かない。
Bさんは、日本に住所があるが、最近一〇年間のうち、六年近くも外国で暮らしている。
Cさんは、外国に住所があり、日本には時々来るだけである。

日本はどのような課税ができるのだろう？　Aさんは甲さん同様「居住者」になり、日本で「全世界所得」に課税される。外国人も日本人も同じである。日本がどこまで課税するかを決める基準は「国籍」ではなく、「住所」だからである。日本に住所があれば日本人同様に課税されるのに、選挙権が与えられていないことがおかしいという議論もある。

Bさんは、住所があっても、「日本の国籍を有しておらず、かつ、過去一〇年以内において国内に住所又は居所を有していた期間の合計が五年以下」(所得税法2条1項4号)の個人になるので、「非永住者」となる。そうすると、外国で稼いだ所得は原則として日本で課税されない。ただ、その外国所得が「国内において支払われ、又は国外から送金された」(所得税法7条1項2号)場合には日本で課税されるが、外国で預金しておけば、日本では課税されないのである。

Cさんは、非居住者だから、日本が課税できる範囲は限定され、丙さん同様、国内源泉所得だけになる。

「住所」か「国籍」か

要するに、日本の税法は日本人も外国人も区別せずに、住所が国内にあるかどうかで日本の課税権の範囲を決めてきた。しかし、人の移動が容易になった今日、この制度が濫用されはじめた。

平成に入ってから特に目立ったのが、資産家が自分の子どもをアメリカに数年間住まわせ、その間に贈与をし、租税回避する手口であった。典型的な方法は次のようなものであった。

息子がアメリカに住んでいる間に、資産家はアメリカの有価証券等の一定の資産を取得する。そして、当該資産をアメリカに住んでいる息子に贈与する。この場合の課税関係は次のようになる。日本の贈与税は受贈者に課税する方式なので、資産家自身は贈与しただけだから課税されない。一方、息子は日本に住所を有していないので、日本国内の財産を贈与された場合しか課税されない。アメリカの財産の受贈者が日本に住所を有しない制限納税義務者だと、日本は課税できなかったのである。他方、アメリカは贈与者課税（贈与した者が納税義務者）の方式を採用している。したがって、アメリカに住んでいる息子は贈与されただけであり、贈与した資産家は日本に住んでいるので、アメリカにとっては制限納税義務者となる。アメリカも日本国籍を持つ制限納税義務者に対しては、アメリカ国内の財産を贈与した場合にだけ課税できる。しかし、この資産家が息子に贈与したものはアメリカの贈与税非課税商品であり、アメリカも結局手を出せないことになる。

このような贈与税回避行為が日米間で横行していたのである。そこで二〇〇〇年の改正で規制され、住所だけではなく、国籍も基準に入るようになり、日本国籍を有している場合には、親子とも外国に五年を超えて住んでいるような場合しか、日本の課税から逃れることはできなくなった。かなり厳しくなったが、それでも親子で五年を超えて外国で生活すれば、日本の課税から逃れられるのである。

このように、二〇〇〇年の改正で、相続・贈与税に国籍条項が導入されたが、この改正は、今後の税制のあり方を考える上でも興味深い。人の移動が容易になっている現在、「住所」(生活の本拠であり、住民票のあるところでは必ずしもないことに注意)で各国の課税権を区別するのはもはや困難になりつつあるからである。

それでは国籍にした方がよいのだろうか? アメリカのように国籍主義にすれば、世界中どこにいても日本国籍を持っている人には日本が全世界所得について課税できることになる。これも、今後の改革の一つの方向かもしれない。しかし、そのアメリカも国境を通じたタックス・ギャップに悩んでいるのであるから、現実の徴収その他の問題も考えると、国籍主義に代えることだけで問題が解決するわけでもなさそうだ。

内国法人・外国法人

法人の場合は、「本店所在地」を基準にしている。本店が日本にある場合は、内国法人としてその法人の全世界所得に課税することになる。外国で得た所得については、外国でも法人税が課されるので、日本での課税に際して外国税額を控除して二重課税を外国税額控除という方法で調整する。本店が日本にはない法人は外国法人といい、日本国内に源泉がある所得しか課税できないことになる。実際に管理支配している土地を基準に内国法人かどうかを判断する国もあるが、日本は本店所在地という形式で判断する。だから、移動も簡単だし、税率の低い国や誘致に積極的な国に移動している企業もある。こうした国々と競争するためには、日本の税率も下げねばならない、という税の割引競争を誘発しやすいことになる。

税金分捕り合戦

もっとも、本店を移転するより、本店は日本に置きながら、日本の税金を回避する方がよいかもしれない。方法はいろいろある。例えば、税率の低い国に、子会社Bをつくり、日本の会社の利益を減らして、外国子会社の利益を増やせばどうだろう。

例えば、原価六〇〇円の商品を日本で他の会社に売るときは一〇〇〇円とする。その会社は消費者に一三〇〇円で販売するとしよう。同じ商品を子会社Bに売却するとき、その子会社も同様に一三〇〇円で販売するとして、一〇〇〇円よりも高くするのだろうか、安くするのだろうか。

高くすると、日本の会社に利益が増えて、外国子会社の利益はなくなる。だから、安くして、日本の利益を減らして、外国の利益を増やすようにするはずだ。いっそのこと六〇〇円で売ってしまってはどうだろう？　日本の会社の利益はゼロで、外国子会社Bの利益は七〇〇円にもなる。こういう価格設定を通じて日本の会社の利益が国外に移されていく。そこで、企業の価格設定を全くの自由にすると各国の租税が回避されてしまうので、子会社等との国際取引については適正な価格で取引をしろと規制するようになる。これが移転価格税制と言われているものである。しかし、当初は、租税回避規制を目的としていたが、徐々に「政府間の税金分捕り合戦」の様相を見せ始めている。客観的に正しい価格の判定は容易ではないし、どの国も、自国の利益を多くし、税額を増やしたいからだ。

外国企業が日本に子会社をつくって、日本での利益を外国に移していく方法もいろいろある。例えば、日本の子会社に出資して、子会社の所得から配当を受け取っても、子会社の税金は減らない。子会社が税金を払った残りの利益を配当している、という建前だからである。それなら、子会社に出資すると同時にそれ以上の巨額の貸付をしたらどうなるだろう。日本の子会社は、借入の金利を親会社に支払うことになる。その利子は損金になるから、子会社の所得は減る。だから、親会社は出資を少なくし、貸付金を増やせばいいことになる。こういうことを自由にやられたら、それぞれの国の税制は形骸化してしまう。そこで、これも過少資本税制という措置を通じて規制している。

そうすると、また新たな方法が考案されていく。それに気づいたら、新たな規制措置を設ける、という具合に国際課税は租税回避と規制措置とのいたちごっこである。

2　一国課税主義から国際連帯へ！

国外逃亡と徴税

あなたが、日本で税金を払わずに滞納したとしよう。当然、滞納処分を受け、あなたの財産は公売されて、税金として国に徴収される。ところで、外国人が日本で稼いで、払うべき税金を払わないまま自分の国に逃げてしまったとしよう。税務署はどうするのだろう？　徴収官をその国に派遣して、その人の財産を差し押さえすることができるのだろうか？

今まではそのようなことはできなかった。他国の領域内においてこのような強制的手段を執行することはできないのが、国際社会のルールである。外国の領域に立ち入って執行管轄権を行使できるのは、司法共助・捜査共助に関する取決めなど両国間に特別の条約がある場合だけである。

日本はこのような条約を締結しているのだろうか？　日本のこの問題に対する姿勢は非常

に消極的であった。最初の租税条約である一九五四年日米条約以来、脱税を対象とする包括的徴収共助は締結してこなかったからである。ようやく二〇一一年一一月に「租税に関する相互行政支援に関する条約」に署名し、三二カ国との協調が始まったところである。

こういう日本の姿勢には批判もあるが、支持する議論もある。というのは、次のような場合もあるからである。日本人が、A国で日本では憲法違反と言われるような不合理な税を課され、権利救済手続も不備なので納得できず、日本に帰国してきた。この場合、A国と協定を結んでいると、日本からすると不合理な税金を、権利救済手続もないまま日本が徴収に協力しなければならない。それでよいのか、という疑問である。

相手国の税制が日本と同レベルの水準でなければならないという発想であるが、歴史的には、大国が植民地国から逃げてきた自国民を救うための理屈でもあった。

いずれにせよ、日本では実行例がないのである。外国に逃げられたらそれで終わり。他方で、日本にいる庶民は徹底的に追徴される、というのはどうも釈然としない。

なお、アメリカは二〇一三年から外国の金融機関と契約し、アメリカ(法)人が保有する口座の情報を求める制度(FATCA)を導入するといわれている。

国境を超えた税——国際連帯税

要するに、今の税制は一国課税主義なのである。それぞれの国家が課税権を専権として有し、他国は基本的に介入できず、条約等で相互に調整するしかない、という状況なのである。人や物は、国境を越えて飛び回っているのに、課税にとって国境の壁は厚く高いのである。そのため、国内の税法をいくら公正なものにしても、負担能力のある人や企業が国境を利用して回避できるのであれば、税を負担するのは国境を利用できない中低所得者だけになってしまう。

税法の仕組みもこのことに連動して不合理なことを起こしてしまう。例えば、東京から札幌に飛行機で行くと料金に消費税がかかってくる。では、東京からパリへ行くと消費税はどうなっているか？　日本では消費税はかからない。「国内における資産の譲渡等」ではないからである。フランスではどうか？　フランスでもかからない。フランス国内のものではないからである。国内移動より、国際移動の方が料金も高く、そのような料金を負担できる人は担税力があるはずなのに、課税されることはないのである。フランスは、この矛盾に気づいて、国際航空券税を二〇〇六年から徴収しはじめ、その税収をＨＩＶ・エイズ、結核、マラリアといった世界的な感染症対策にあてるための開発資金の財源にしている。日本も二〇一一年の税調で話題になったが、航空業界の反発で見送られている。

それ以上に、注目しなければならないのは、現代社会では、自由化されたグローバル市場を通じて何京円もの資金が光速で世界中を駆け巡っている、ということである。グローバルトレーディングであるが、これらの資金が変動する相場を先取りし、巨額の利益を得ると共に、対象とされた国に過酷な打撃を与え、その国民を疲弊させてきた。

これに対して、一九七二年頃から、国境を越えて移動する金融資本等の利得に着目し、その濫用を防止し、適切に課税する制度として「トービン税」(別名・通貨取引税)構想が提唱されてきた。アメリカの経済学者でノーベル賞を受賞したジェームズ・トービン(James Tobin)教授が提唱したものだが、この構想によれば、すべての通貨取引は低率の課税を受けるので、短期に複数回の通貨売買を繰り返す投機取引は不利になり、他方で長期取引への悪影響は避けられる。しかも、低率とはいえ、その課税対象額は莫大であるため、多額の税収が見込まれる、ということになる。近年では、ヨーロッパの市民運動と結びついて、この税収を低開発国の開発資金として提供する「国際連帯税」にしようという動きが活発化しているのである。

もちろん、このような課税を一国だけが行うのは、不可能とはいえないが、難しい。資本はそこを避けて動き回るだけだからである。したがって、世界が共同して実施するのが理想的であり、国際組織が中心になって徴収し、低開発国を中心に配分すれば国家間の経済格差が税制を通じて是正され、税の国際的再分配効果も期待できることになる。

これは、今の社会が前提としている一国課税主義がもはや限界に来ていることを示している。人類社会の次のステージが形成できるかどうかは、国際機関を通じて課税し、徴収する新しいシステムを国際社会が合意して形成するかにかかっている。私たちは、日本の税金を考えるときに、日本の事情だけではなく、国境を超えた国際社会の動きにも注目しなければならないのではないだろうか。

終章

税金問題こそ政治

反税の義賊＝ロビン・フッドは今？

日本の税金を概観してきたが、最後に、私たちは何のために税金を拠出しているのか、もう一度考え直してみよう。なぜ、私たちは税金を「取られる」と感じるのだろう？　本当にお上に「取られて」いるのだろうか？

確かに、かつては国王がむりやり国民から取り立ててきたのが税金であった。選挙制度もなかったので、反対するなら、百姓一揆のような抵抗や、イギリスで有名なロビン・フッドのような義賊の抵抗しかなかったわけである。しかし、現代社会は普通選挙制度を導入した。日本においても一九四五年から二〇歳以上の男女に選挙権が与えられ、選挙民の代表を通じて税負担も決められることになっている。もはや、国王が私欲のために恣意的に課税することはできないのである。国王の代わりに、私たちの代表者が税制を国民である選挙民の意向を踏まえて決定している（はず）だからである。この民主主義のルールに従えば、税制も、少数者の権利も配慮しつつ、国民の多数者の意見で決めていくことになる。

そうすると、選挙民の圧倒的多数は中低所得者層なので、富裕層に適切な負担を求め、所得の再分配を通じて、低所得者の生活を保障し、安定した社会をめざすはずである。安定した社会にするためには税を通じた富の再分配、つまり富裕層に対する増税を要求するのが庶民政党のはずである。欧米だとその傾向は少しみられ、社民政党は基本的に増税を、富裕層に支えられる保守政党は減税を主張している。典型的なのがアメリカの共和党で、「我々は何でも自分でできるので、国は何もやらなくて結構（小さな政府）。我々から税金を取って、それを貧しい人々の社会保障のために使うのはまっぴらごめん」という思想を根底においている。あまりにも率直すぎる主張であるが、現代社会における「減税」要求が持っている本質を見事に示している。

ところが、この「減税」要求を日本では保守党から革新政党までもが大合唱し、地方選挙でも「減税」を売りにする政党が大躍進をしている。でも、その支持者は共和党のような富裕者層でもない。税金など出さないけど、自治体は無駄を省いてもっとやれ、と言っているようだ。日本の公務員数の人口比は世界でも最も少ない方なのに、無駄が多くて、削ればお金はいろいろ出てくると考えていることになる。

なぜ、日本では「減税」だけが正義の主張なのだろう。税をきちんと提供してもらい、子どもたちのために優先的に使い、子どもたちのスタートラインの格差を縮めようという主張が、なぜもっと堂々となされないのだろう？　どうして、増税＝悪のようなキャンペーンがまかり通ってしまうのだろう。おそらく、国民の大多数にとって、日本国政府という団体が自分たちのものとは感じられないからだろう。政府というのが、国民のために何かをしてくれたという実感もないのだろう。いまだに、政府は「お上」なんだろう。だから、税は「取られるもの」でしかないのだ。政府が信頼されて、国民のためのものだという実感が得られた時にはじめて、税は「取られる」のではなく、「預ける」ものに変わっていくのだが、その兆しはまだ見えない。

なお、多数決による民主主義は少数者がそれを守ることを前提にできているルールだが、少数者がそのルールを無視しはじめている。富裕層に負担を求める税制改正をすると、富裕層は日本を離れることができ、またそうしているからである。税制を公正なものにしようと税制改正をすると、少数者が逃げてしまう。これではせっかくの民主主義のルールも意味がない。今、世界中で問題になっているのが富裕層の国境を利用した租税回避であり、これにより、民主主義の多数決原理は脅威にさらされている。

こういう状況の中でロビン・フッドが生きていたら何をするだろうか。反税闘争ではなく、約束を守らない富裕者に対する増税闘争だ。イギリスでは金融取引に対する課税制度をロビン・フッド税とよんで、その導入を求める市民運動が起きているのは、その象徴である。経済がこれほどグローバル化しているときに、税制を各国が独自に定めていこうという制度ももう崩れかかっている。こうした税制を取り巻く状況を前提にした上で、日本の税制の問題を最後に整理しておこう。

毎年の税制改正手続とその公正化

これまで本書で見てきたように、日本の税法には様々な不合理な問題点がある。これらをきちんと是正していくにはどうしたらいいのか。

まず税制改正は毎年なされる。一般の法律のように、何十年に一回ではなく、毎年見直しのチャンスがあるということだ。したがって、改正過程が適正・公正なものになれば税制の不合理さも是正されていくことになる。

しかし、そのために一番必要なことは、議会の議員及び政党がきちんとした税法の理解と意見を持つことだ。政権党及びその議員たちがしっかりした認識を共有し、公正な税制改正案を創れば、財務省もそれに従わざるをえないからである。ところが、現実には、議員の中で税法について理解している人はきわめて少なく、増税・減税については意見を持っていて、も、それ以上の具体的問題にはほとんど発言できない。そうすると、跋扈《ばっこ》するのは、支持者たちの減税要求を実現しようとだけする族議員と旧大蔵省・財務省出身議員だけになる。その結果、不公正な特別措置の乱立と税収確保のための不合理な措置の温存ということになる。自民党政権時代の税制改正はまさにこの連続であった。結局、税制改正は旧大蔵省・財務省のための改正になってしまっていた。

この旧弊を打ち破った最初の本格的な改正が、序章で述べた租税の手続法制の改正で実現した。政権が交代して、新たに納税者に納得される税制を構築しようという政治家の意気込みが、改正案を具体的なものにしたのである。この問題で、民主党政権の政府税調は専門家委員会の論点整理を受けて、手続法改正の細かい点についても詳細に検討し、納税者にも税務署と同様に五年間の更正の請求(税額を減額すること)を認めることとし、不利益な処分には理由を附記し、税務調査に際しては事前に通知する、という民主主義国家では当然の手続を導入することを決断した。従来のように、財務省が実質的に税制改正を決定する仕組みから大きく踏み出し、これが手続法改革につながったのである。

したがって、次は本書で取り上げた所得税法などの税負担に直結する税法の国民目線での具体的改革である。そのためには、議員・政党の実体税法についての適切な理解が何よりも不可欠であり、それら議員・政党の正当な主張が政府の税制改正大綱に盛り込まれるような税制改正手続の確立が必要であろう。政治家個人にそのような知識を求めるのが不可能だというなら、政党としてそうした立法能力を持つべきである。

第二に、そうした政治決断を具体的に法律にするときに重要なのは法案である。法案を議会で審議し、修正する余地があるというのは建前であり、実際には法案が決定的に重要である。ところが、その法案が、担当省庁割で作成され、税制の場合は、財務省担当者が省内での議論と省庁間の議論を調整した上で作成されている。大枠は政治が決め、その枠内で法案が作成されているはずなのに、細部を見ると、政治・納税者の意向と異なるものが含まれていることが少なくない。その意味で、法案作成過程の透明性と公正性を確保するために、担当省庁だけではなく、税理士、弁護士、学者等の専門家と議員を加えた作成委員会を大綱決定後組織し、そこが法案を提出するように改めねばならないのである。

信頼できる政府に、納得して自分の財産の一部を税として拠出し、自分の社会の安定に寄与できる――、そんな税制がいつ日本に実現するのだろう。

あとがき

税金の歴史の大部分は、王様がいる時代の歴史であった。その時代、国民から税金を徴収する権利は王様が持ち、王様は自分の代理として行政機関に特権を与え、国民から税金を取り立てていた。こういう仕組みの中では、国民にとって税金は「取られる」「奪われる」ものでしかなかった。

戦後、日本では新しい憲法が制定され、主権者は国民自身となった。国民が自分たちの国という組織を自らの力で維持、運営していくシステムになった。税金の性格も、したがって、根本的に変わった、はずである。

しかし、私たち日本国民は、このことを本当に理解しているのだろうか？　税金は相変わらず「取られる」ものでしかない、と感じるのであれば、その原因はどこにあるのだろう？国民が主権者になったのに、それを自覚できないまま、税金と正面から向き合わないできたら、いつの間にか、財政支出が一〇〇兆円、税収が四〇兆円の国になっていた。これは誰の責任なのだろうか？

戦後、憲法は変わったのに、税制決定のシステムは変わらなかった。それをずっと見過ごしてきたため、私たちはこういう問題に直面しているのである。もはや、主権者である以上、「税金のことはよくわからない」と言うだけではすまない。税金問題を考えるためにも、まず現在の税制の基本を理解してほしい、という思いから本書を執筆した。

本書の旧版は二〇〇三年、小泉改革が吹き荒れているときに、国内税制に限定して、負担能力に応じた公平なものになることを願って執筆した。今回は、その後の変化を踏まえ、日本の税制も国際社会と連帯して国際的に公正な税制を目指さねばならなくなっていることを意識して執筆した。

本書の校正については、岩波書店の永沼浩一さんに大変お世話になった。また、青山学院大学大学院ビジネスロー税法専攻の社会人院生の方々からも、校正の協力をいただいている。感謝申し上げたい。

二〇一二年一月

三木義一

三木義一

1950年 東京都に生まれる
1975年 一橋大学大学院法学研究科修士課程修了
専攻―税法
現在―青山学院大学法学部教授(博士・一橋大学),
弁護士
政府税制調査会専門家委員会委員
著書―『よくわかる法人税法入門』(有斐閣, 2011)
『よくわかる税法入門(第6版)』(有斐閣, 2012)
『よくわかる国際税務入門(第2版)』(有斐閣, 2010)
『実務家のための税務相談』(有斐閣, 2006)
『給与明細は謎だらけ』(光文社新書, 2009) ほか

日本の税金 新版　　岩波新書(新赤版)1359

2012年3月22日　第1刷発行

著 者　三木義一《みきよしかず》

発行者　山口昭男

発行所　株式会社 岩波書店
〒101-8002 東京都千代田区一ツ橋 2-5-5
案内 03-5210-4000　販売部 03-5210-4111
http://www.iwanami.co.jp/

新書編集部 03-5210-4054
http://www.iwanamishinsho.com/

印刷・三陽社　カバー・半七印刷　製本・牧製本

ISBN 978-4-00-431359-5　Printed in Japan

岩波新書新赤版一〇〇〇点に際して

ひとつの時代が終わったと言われて久しい。だが、その先にいかなる時代を展望するのか、私たちはその輪郭すら描きえていない。二〇世紀から持ち越した課題の多くは、未だ解決の緒を見つけることのできないままであり、二一世紀が新たに招きよせた問題も少なくない。グローバル資本主義の浸透、憎悪の連鎖、暴力の応酬――世界は混沌として深い不安の只中にある。

現代社会においては変化が常態となり、速さと新しさに絶対的な価値が与えられた。消費社会の深化と情報技術の革命は、種々の境界を無くし、人々の生活やコミュニケーションの様式を根底から変容させてきた。ライフスタイルは多様化し、一面では個人の生き方をそれぞれが選びとる時代が始まっている。同時に、新たな格差が生まれ、様々な次元での亀裂や分断が深まっている。社会や歴史に対する意識が揺らぎ、普遍的な理念に対する根本的な懐疑や、現実を変えることへの無力感がひそかに根を張りつつある。そして生きることに誰もが困難を覚える時代が到来している。

しかし、日常生活のそれぞれの場で、自由と民主主義を獲得し実践することを通じて、私たち自身がそうした閉塞を乗り超え、希望の時代の幕開けを告げてゆくことは不可能ではあるまい。そのために、いま求められていること――それは、個と個の間で開かれた対話を積み重ねながら、人間らしく生きることの条件について一人ひとりが粘り強く思考することではないか。その営みの糧となるものが、教養に外ならないと私たちは考える。歴史とは何か、よく生きるとはいかなることか、世界そして人間はどこへ向かうべきなのか――こうした根源的な問いとの格闘が、文化と知の厚みを作り出し、個人と社会を支える基盤としての教養となった。まさにそのような教養への道案内こそ、岩波新書が創刊以来、追求してきたことである。

岩波新書は、日中戦争下の一九三八年一一月に赤版として創刊された。創刊の辞は、道義の精神に則らない日本の行動を憂慮し、批判的精神と良心的行動の欠如を戒めつつ、現代人の現代的教養を刊行の目的とする、と謳っている。以後、青版、黄版、新赤版と装いを改めながら、合計二五〇〇点余りを世に問うてきた。そして、いままた新赤版が一〇〇〇点を迎えたのを機に、人間の理性と良心への信頼を再確認し、それに裏打ちされた文化を培っていく決意を込めて、新しい装丁のもとに再出発したいと思う。一冊一冊から吹き出す新風が一人でも多くの読者の許に届くこと、そして希望ある時代への想像力を豊かにかき立てることを切に願う。

（二〇〇六年四月）

岩波新書より

経　済

- 成熟社会の経済学　小野善康
- 景気と経済政策　小野善康
- 平成不況の本質　大瀧雅之
- 原発のコスト　大島堅一
- 次世代インターネットの経済学　依田高典
- ユーロ　危機の中の統一通貨　田中素香
- 低炭素経済への道　諸富徹・浅岡美恵
- 「分かち合い」の経済学　神野直彦
- 人間回復の経済学　神野直彦
- グリーン資本主義　佐和隆光
- 市場主義の終焉　佐和隆光
- 経済学とは何だろうか　佐和隆光
- 消費税をどうするか　小此木潔
- 国際金融入門〔新版〕　岩田規久男
- 金融入門〔新版〕　岩田規久男
- ビジネス・インサイト　石井淳蔵
- ブランド　価値の創造　石井淳蔵

- グローバル恐慌　浜矩子
- 金融商品とどうつき合うか　新保恵志
- 金融権力　本山美彦
- 金融NPO　藤井良広
- 地域再生の条件　本間義人
- 経済データの読み方〔新版〕　鈴木正俊
- 格差社会　何が問題なのか　橘木俊詔
- 家計からみる日本経済　橘木俊詔
- 日本の経済格差　橘木俊詔
- 現代に生きるケインズ　伊東光晴
- シュンペーター　伊東光晴・根井雅弘
- ケインズ　伊東光晴
- 事業再生　高木新二郎
- 経済論戦　川北隆雄
- 景気とは何だろうか　山家悠紀夫
- 環境再生と日本経済　三橋規宏
- 経営者の条件　大沢武志
- 人民元・ドル・円　田村秀男

- 世界経済入門〔第三版〕　西川潤
- 日本の税金　三木義一
- 戦後アジアと日本企業　小林英夫
- 日本経済図説〔第三版〕　宮崎勇・本庄真
- 社会的共通資本　宇沢弘文
- 経済学の考え方　宇沢弘文
- 経営革命の構造　米倉誠一郎
- アメリカの通商政策　佐々木隆雄
- 戦後の日本経済　橋本寿朗
- 共生の大地　新しい経済がはじまる　内橋克人
- 思想としての近代経済学　森嶋通夫
- 大恐慌のアメリカ　林敏彦

岩波新書より

社会

就職とは何か　森岡孝二
働きすぎの時代　森岡孝二
日本のデザイン　原　研哉
ポジティヴ・アクション　辻村みよ子
脱原子力社会へ　長谷川公一
希望は絶望のど真ん中に　むのたけじ
戦争絶滅へ、人間復活へ　むのたけじ　黒岩比佐子 聞き手
福島 原発と人びと　広河隆一
アスベスト 広がる被害　大島秀利
原発を終わらせる　石橋克彦編
大震災のなかで 私たちは何をすべきか　内橋克人編
日本の食糧が危ない　中村靖彦
ウォーター・ビジネス　中村靖彦
食の世界にいま何がおきているか　中村靖彦
狂　牛　病　中村靖彦
勲　章 知られざる素顔　栗原俊雄

人が人を裁くということ　小坂井敏晶
希望のつくり方　玄田有史
生き方の不平等　白波瀬佐和子
同性愛と異性愛　風間　孝　河口和也
居住の貧困　本間義人
贅沢の条件　山田登世子
ブランドの条件　山田登世子
新しい労働社会　濱口桂一郎
世代間連帯　上野千鶴子　辻元清美
ルポ 雇用劣化不況　竹信三恵子
道路をどうするか　五十嵐敬喜　小川明雄
建　築　紛　争　五十嵐敬喜　小川明雄
「都市再生」を問う　五十嵐敬喜　小川明雄
公共事業をどうするか　五十嵐敬喜　小川明雄
ルポ 労働と戦争　島本慈子
戦争で死ぬ、ということ　島本慈子
ルポ 解　雇　島本慈子
子どもの貧困　阿部　彩

子どもへの性的虐待　森田ゆり
森　の　力　浜田久美子
テレワーク 「未来型労働」の現実　佐藤彰男
反　貧　困　湯浅　誠
不可能性の時代　大澤真幸
地　域　の　力　大江正章
ベースボールの夢　内田隆三
グアムと日本人 戦争を埋立てた楽園　山口　誠
少子社会日本　山田昌弘
親米と反米　吉見俊哉
「悩み」の正体　香山リカ
いまどきの「常識」　香山リカ
若者の法則　香山リカ
変えてゆく勇気　上川あや
定　年　後　加藤　仁
労働ダンピング　中野麻美
マンションの地震対策　藤木良明
誰のための会社にするか　ロナルド・ドーア
ルポ 改憲潮流　斎藤貴男

岩波新書より

安心のファシズム　斎藤貴男
社会学入門　見田宗介
現代社会の理論　見田宗介
冠婚葬祭のひみつ　斎藤美奈子
壊れる男たち　金子雅臣
少年事件に取り組む　藤原正範
まちづくりと景観　田村明
まちづくりの実践　田村明
悪役レスラーは笑う　森達也
大型店とまちづくり　矢作弘
憲法九条の戦後史　田中伸尚
靖国の戦後史　田中伸尚
日の丸・君が代の戦後史　田中伸尚
遺族と戦後　田中伸尚・田中宏・波田永実
在日外国人〔新版〕　田中宏
桜が創った「日本」　佐藤俊樹
生きる意味　上田紀行
ルポ 戦争協力拒否　吉田敏浩
社会起業家　斎藤槙

日本縦断 徒歩の旅　石川文洋
男女共同参画の時代　鹿嶋敬
当事者主権　中西正司・上野千鶴子
リサイクル社会への道　寄本勝美
豊かさの条件　暉峻淑子
豊かさとは何か　暉峻淑子
リストラとワークシェアリング　熊沢誠
女性労働と企業社会　熊沢誠
能力主義と企業社会　熊沢誠
山が消えた 残土・産廃戦争　佐久間充
技術官僚　新藤宗幸
少年犯罪と向きあう　石井小夜子
仕事が人をつくる　小関智弘
自白の心理学　浜田寿美男
証言 水俣病　栗原彬編
東京国税局査察部　立石勝規
ドキュメント 屠場　鎌田慧
過労自殺　川人博

原発事故を問う　七沢潔
神戸発 阪神大震災以後　酒井道雄編
日本の農業　原剛
ボランティア もうひとつの情報社会　金子郁容
スパイの世界　中薗英助
「成田」とは何か　宇沢弘文
自動車の社会的費用　宇沢弘文
都市開発を考える　大野輝之・レイコ・ハベ・エバンス
ディズニーランドという聖地　能登路雅子
ODA 援助の現実　鷲見一夫
われ＝われの哲学　小田実
世直しの倫理と論理 上・下　小田実
読書と社会科学　内田義彦
資本論の世界　内田義彦
社会認識の歩み　内田義彦
科学文明に未来はあるか　野坂昭如編著
働くことの意味　清水正徳
戦後思想を考える　日高六郎

岩波新書/最新刊から

1347 政権交代とは何だったのか　山口二郎 著

なぜ政治主導で「生活第一」への政策転換を進められなかったのか。民主党政権の光と影を検証し、震災後の民主政治の課題を考える。

1348 成熟社会の経済学 ―長期不況をどう克服するか―　小野善康 著

需要が慢性的に不足して生産力が余り、失業を生み続ける日本経済。直面する危機にいかに対応すべきか。画期的な経済学のススメ。

1349 変革期の地方自治法　兼子仁 著

〝地域自治〟改革はどこまで進んだのか。現状と課題を検討し、東日本大震災後のいま、地方自治法制がめざすべき方向を示す。

1350 英語で話すヒント ―通訳者が教える上達法―　小松達也 著

日本語を生かす通訳者の英語術には、大人の学習者に役立つヒントが満載。〈使える英語力〉を身につけるために、必読の一冊！

1351 日本語雑記帳　田中章夫 著

なつかしい昭和の言葉、多彩な方言、外来語・外行語、敬語、呼びかけのコトバ、オシャベリ文体など興味つきないヨモヤマ話集。

1352 四字熟語の中国史　冨谷至 著

「温故知新」ほか見慣れた四つの漢字を〈窓〉として、古代中国を遠望。遠い時代や場所へと言葉や考え方が伝わる筋道をたどる。

1353 子どもの声を社会へ ―子どもオンブズの挑戦―　桜井智恵子 著

聞き逃されがちな小さなつぶやきは何を訴えているのか。個別救済のための希有な公的制度を通して見えてくる問題解決の極意とは？

1354 世界経済図説 第三版　宮崎勇 田谷禎三 著

一二年ぶりの改訂。環境・食料・エネルギー問題、ドル・元・ユーロの力等の課題をデータで詳説。今後の世界経済を読み解く一冊。

(2012. 3)